考える心のしくみ

カナリア学園の物語 ………………… 三宮真智子

北大路書房

序章

カナリア学園の
新しい試み

◆──新しい先生

　ここは，大都市近郊のN市。私立カナリア学園という中高一貫教育の女子校があります。校訓は「自由・自律・創造」。女子校だからと言って，とくに女の子向けの教育をする学校というわけではありません。生徒たちはのびのびと学園生活を楽しんでいます。

　時は4月。校庭の桜の木が，例年より少し早く見事な花盛りを迎えたころ，ここに，ひとりの新しい先生が入ってきました。中等部と高等部を兼任する校長先生が，生徒たちに新しい先生を紹介します。

　「えー，みなさん。こちらは新任のウラシマ・ケント先生です。認知心理学という学問がご専門で，考える力を高める方法や，より良く考える方法を研究しておられます。これまでは，大学で教えておられた先生です。

みなさんもご存じの通り、わが校では、今年から『考える時間』という新しい授業科目をスタートさせます。毎週1回ですが、他校に先駆けた、たいへん画期的な取り組みです。今年は、まず試運転として1学期に行います。

　みなさんが学校を卒業して社会に出ていくころには、今よりももっと変化の激しい時代が待ち受けています。激動の時代ですね。そのような社会においては、みなさんがこれまで勉強してきた内容が、大きく塗り替えられてしまうかもしれません。いえ、だからと言って今勉強をさぼってもいいということではないですよ。私が言いたいのは、今は今でしっかりと学び、現時点での知識や学習する態度・方法をきちんと身につけておくこと、そしてそれだけではなく、さらに新しい知識や考え方を大人になってからも吸収することのできる柔らかい頭をつくっておく必要があるということなのです。何しろ今は、生きている限り学び続けるという生涯学習の時代ですしね。

　しかも、それだけではありませんよ。これまで『常識』だとされていたことが常識でなくなったり、『善悪』を決める判断基準や『ふつう』とか『平均的』と見なされてきたことが、そうではなくなったり、もう本当に、この先どうなっていくんだろうと、私たち大人も、正直言って困惑しているんです。

　そこで、みなさんには、さまざまな変化や新しいできごとに直面したとき、けっしてうろたえず、常に自

心理学ジュニアライブラリ

04

考える心のしくみ

カナリア学園の物語

三宮真智子

北大路書房

まえがき

　現在ほど，私たち一人ひとりに確かな判断力が求められる時代は，かつてなかったのではないでしょうか。

　地球上には深刻な問題がたくさんあり，また，身近なところでも，受け売りでない自分自身の判断が要求される場面が少なくありません。あふれる情報を吟味し，それらを賢く用いて，直面する問題の解決に役立てるための賢さ，思考力が問われます。考えることを人まかせにしていては，つけは必ず自分に回ってきます。判断を誤れば，危険な目にあうことも。

　では，正しく考え，判断するためには，いったいどうすればいいのでしょう？　そのためには，まず，私たち人間がものを考えるという心のしくみを理解し，その上で，どう考えればいいかという方法を身につけることが役に立ちます。つまり，考えるという行為そのものに注意を向け，考える方法を学ぶのです。

　この本の舞台である，架空の学校「カナリア学園」では，考える心のしくみをテーマに，ほとんど前例のないユニークな授業が展開されます。

　賢さにはいろいろな種類があること，考えることを妨げるからくりの実体，限られた情報から判断するときや出来事の原因を探るときに気をつけたいことがら，そして，日常場面で考え判断するときの心構えといった内容が次々に取り上げられます。この風変わりな授業に目を丸くしながらも，次第に考える方法を身につけていく生徒たち。

　あなたも，カナリア学園の生徒になったつもりで，いっしょに考えてみませんか。よりよく考えることは，よりよく生きることにつながるはずです。これからの，あなたの生き方の可能性が広がるかもしれません。そして，もしかしたら，私たちの社会がかかえている深刻な問題にも，解決への道が開けるかも…。そんな空想をふくらませつつ，この物語をお届けします。

目次

まえがき …………………………………………………………1

序章 カナリア学園の新しい試み ……………………5
新しい先生／考える時間

1章 賢さってなんだろう …………………………………12
1 「賢いハンス」は賢かったのか ……………………12
馬に算数を教える／大勢の前での実験／心理学者の考え／
賢いのか賢くないのか

2 ピンチを切り抜けた娘 ………………………………18
地主のインチキ／農夫の娘が考えた「あっ」と驚く方法／
農夫の娘が教えてくれたこと

3 いろいろな賢さがある …………………………………20
賢さの種類／ガードナーの7つの賢さ／スタンバーグの3
つの賢さ／じょうずに生きるために／もっと賢くなれるか

2章 考えることを妨げるからくりがある!? …28
1 思い込みにとらわれていないか ……………………28
2本ひも問題／ロウソク問題／9つの点問題

2 みんなの言う通りか ……………………………………35
不思議なまちがい／判断のよりどころを多数派に求める／
社会的証明／社会的証明の法則が崩れるとき

3 「はい」と言わせる魔法 ………………………………40
セールスのビデオ／3つのテクニック／なぜそうなるのか

4 感情の支配下に ……………………………………………47
心に住むトラ／感情のハイジャック／誤った判断に突き進
むとき

3章 限られた情報から判断する ……………………52
1 その論理は正しいか ……………………52
カナリア学園の黄色いリボン／「AならばBである」から言えること／3段論法の使い方

2 数字で判断する ……………………62
平均点が表すもの／100％はすごい？／隠れた情報

3 起こりやすさを判断する ……………………68
M子先輩はどうなったか／ニュースになりやすいことは起こりやすいのか／期待したことは起こりやすいのか

4章 できごとの原因を探る ……………………76
1 できごとの原因 ……………………76
コンピュータ・ルームでのできごと／原因を知ることが必要なわけ／プリンタが動かなかったのはなぜ？／真相究明には知識が必要だった

2 原因と取り違えやすいもの ……………………83
原因の条件／結果が起こる前に何が変化したか／自然の力

3 見つけにくい原因 ……………………91
本当に髪の長さが原因か／教師の言い分，生徒の言い分

5章 日常の賢さを求めて ……………………96
1 事実に基づいて考える ……………………96
事実と考え／事実の正体／解釈された事実／断片化された事実

2 考えを問い直す ……………………102
本当にそうなのか？／もうひとりの自分／考える心のしくみ

終章 答のない問題に向かって ……………………107

あとがき ……………………115

分の頭できちんとものごとを判断できる力をつけておいてほしいと考えたのです。今のうちから，そうした力を養っておくことは非常に大切です。各教科の学習に加えて，まったく新しいタイプの学習を盛り込むことに決めたのは，みなさんがこの先ぶつかるであろうさまざまな問題を乗りこえ，本当の意味で賢い人間に育っていってほしいという，カナリア学園の願いがあるからなのです」

　新任の先生の紹介が，いつの間にか，学園の教育方針を熱っぽく語るという校長先生のいつものスタイルになっていましたが，ともかく，こうして「考える時間」がカナリア学園においてスタートしたのです。

◆――考える時間
　高等部1年3組の教室。火曜日4限目の前の休み時間。みんなはそわそわ状態で，落ち着きません。なぜって，今日は初めての「考える時間」の日なんですから。
　「ねえ，いったいどんなこと勉強するんだろう」
　「うん。あたしも，それ気になってた」
　「この前の校長先生の話だとさぁ，いまいちよくわかんなかったよね」
　「教科書はとくに使わなくって，毎回先生がプリントを配ってくれるってことだけど……」
　「それにさ，ウラシマ先生ってこれまで大学の先生だったんでしょ。どうしてうちの学園に来たんだろう」

「大学生にしてたのとおんなじような授業じゃ，ぜったいむずかしすぎるよね」

チャイムが鳴り，ウラシマ先生が教室に入ってきました。

「やあ，みなさん，こんにちは」

生徒たち　（大きな声で）「こんにちは」

「新任のウラシマ・ケントです。ぼくにとっても，この時間がカナリア学園での初めての授業なんですよね」

「ちょっと，自己紹介してもいいかな。ぼくは，これまで大学で**認知心理学**という学問を教えてきました。認知心理学って，けっこう広い領域なんだけど，人間が見たり聞いたり話したり覚えたり考えたりするしくみやはたらきを研究する学問だと思ってください。ぼくはとくに考える力，つまり思考力に関心があるんです。賢さと言い換えてもいいかな。で，これまで研究を重ねてきて，本当の賢さってなんだろうという疑問をもったんだ」

「もちろん，学校教育はこれまで子どもたちを賢く育てようと努力してきた。学校でいい成績をおさめた子どもは，難関と言われる大学に進み，エリートとよばれる集団に入り込むことに成功した。それはそれで意味のあることだろう。いわゆるエリート集団は，日本を率いてきた。ぼくたちのような一般市民は，エリートの考えに従い，ただおとなしくついていくだけだったんだよね。それで，とくにこれと言った問題はな

かったんだ，少し前まではね」

「しかし，今はどうだ。エリート集団にも解決できない問題が山積みだ。いや，もしかしたら，社会のさまざまな問題を解決し，一般市民を導いていってくれるようなエリートは，もはや存在しないのかもしれない。それだけ複雑な社会になってきたとも言える」

「では，どうすればいい？　答は1つ。ぼくたち一人ひとりが賢くなるしかないんだ。日本を滅ぼさないために，いや，地球を守るために，もはや問題解決を人任せにはできないんだ。考えてみればあたりまえのことだよね。ごく一握りの集団が必死で考え，あとの大勢がなんだかわからないままついていく社会よりも，社会のメンバーみんなが考え，知恵を出しあって運営していくというやり方のほうが，ずっと健全だってこと」

「でも，そのためには，賢い市民を育てなければならない。そして，ここで言う「賢さ」は，これまでの学校教育の内容では，十分に育てられないんじゃないか。そんな気がしてたんだ。ぼくは，そんな賢さについて自分なりに考え，大学生を相手に，賢さを育てる授業をしてきたつもりだ。でも，その段階で始めるのは，少し遅すぎるんじゃないかという思いが，だんだんと強まってきたんだ」

生徒たち　「えっ，遅すぎるって？」

「そう。人間の頭が一番柔らかくて，いろいろなものを吸収するのは，君たちや，さらにもっと年少のこ

ろなんだ。脳の成長という点からもそうだし、社会的に、まだ将来の方向づけができていないという点からもね。つまり、まだまだどうにでもなる、いろいろな可能性を秘めた発達段階なんだよ」

「大学に入ったころには、すでに自分のものの見方や考え方が確立し始めている。大学院だと、さらにそう言えるだろう。世界観や人間観、価値観もある程度できあがり、将来の方向づけもできているはずだ。そうすると、これまでとは違ったものの見方や考え方を、この段階で知ったとしても、それは、下手をすれば自分をぐらつかせることになる。これまで『世界はこうだ』『人間はこうだ』と考えてきた自分なりの世界観・人間観や、さらに『これが大切だ』という価値観がぐらついてしまうと、一時的にせよ、混乱状態に陥るんだよね」

「もちろん、それはそれで意味のあることだ。一生のどこかの時点で、『本当にそうなの？』と、自分の考えを真剣に問い直すってことはね。でも、もっと早い段階から、そういう練習をしていたら、その人にとっての生き方の可能性が、もっともっと広がるんじゃないだろうか。生きるための賢さ、地球全体をいい方向に変えていくための賢さが育ちやすいんじゃないだろうか」

「そんなことを考えていた矢先に、君たちの校長先生からお誘いがあったんだ。校長先生は、ぼくの考えに強く共鳴してくださった。カナリア学園の生徒たち

には，ぜひそんな賢さを身につけていってほしいと。1つの試みとして，そんな授業を考えてみてほしいと。自由・自律・創造をうたっている，この学園だからこそ，それができるのだと。だからぼくは，ここに来たんだ。地球を守る賢さを君たちの中に育てるためにね」

　生徒たちは，めずらしく私語1つなく，先生の話に聞き入っています。なんて風変わりな先生でしょう。なんて壮大な話でしょう。そして，いったいどんな授業が始まるというのでしょうか。

　「あっ，もうこんな時間。今日は，最初のオリエンテーションということにしよう。本格的には，来週から始めます。まず，来週は，本当の賢さについていっしょに考えることにしよう」

　ウラシマ先生は，こう言い残して，さっと教室を出ていきました。魂を奪われたように聞き入っていた生徒たちは，ハッと我に返りました。

　「やっぱり変わってる……」
　「本当の賢さだなんて，ね」

1章 賢さってなんだろう

① 「賢いハンス」は賢かったのか

◆——馬に算数を教える

　1週間が経ちました。満開だった校庭の桜も少しずつ散っていきました。ウラシマ先生も学園の雰囲気に慣れ，少し肩の力が抜けたようです。

「さて，今日からいよいよ授業の中身に入ろう。先週予告しておいたように，今日は，賢さについて考えてみることにしよう。まずはじめに，賢いハンスの物語を紹介したいと思います」

「昔ドイツに，ハンスという名前の馬がいたんだ。飼い主はハンスをとてもかわいがり，しょっちゅう話しかけていた。ハンスは飼い主の言うことをよくきき，まるで飼い主の言葉がわかるように見えたんだよ。あ

るとき飼い主は，名案を思いついた。

『ハンスはこんなに賢いんだから，ひとつ算数を教えてみようじゃないか』

その日から，算数の勉強が始まった。まずはやさしい問題から。

『1たす1は2。1たす2は3。1たす3は……』

ハンスはしっかり聞いていた。勉強は着々と進んでいったんだ。ハンスが理解しているかどうかを試すために，飼い主は問題を出す。

『では，答えてごらん。1たす1はいくつ？』

もちろんハンスは馬だから，人間の子どものように『2だよ』とは言わない。代わりにひづめを使って答えるんだ。

『コツコツ』（『2だよ』）

『では，1たす2は？』

『コツコツコツ』（『3だよ』）

勉強はどんどん進み，もっとむずかしい足し算もできるようになった。
　『12たす9は？』
　『コツコツコツコツコツコツコツ……（全部で21回続く）』
飼い主はとても嬉しかったので，みんなにハンスの賢さを自慢した。ハンスの話はたちまち評判になった。
　『算数ができる馬がいる。人間の子どもより賢いかもしれないね』
新聞でも紹介され，ハンスはドイツで一番有名な馬になったんだ。でも，なかには疑り深い人も現れた。
　『馬に算数ができるって？　そんはバカな。何かインチキしてるんじゃないの』
これを聞いて飼い主は腹を立てた。
　『インチキだなんて，とんでもない。ぼくが一生懸命教えて，ハンスも一生懸命勉強したから，こんなに賢くなったのに』

◆――大勢の前での実験
　「『本当はどうなんだろう？』
大勢の人々がこの問題に関心をもちました。そこでついに，みんなの前でハンスに算数の問題を出す実験をすることになったんだ。飼い主以外の人が出題者になって，ハンスが正しく答えることができるかどうかを調べようというんだ。みんなが息を飲んで見守るなか，ハンスはひづめを使って次つぎと問題に答えていった。しかも，ハンスは紙に書かれた問題にも

答えることができたんだ。

『これは本物だ。ハンスは計算ができるんだ』
そう結論を出しかけたとき、今まで注意深く成り行きを見ていた心理学者が声をあげた。

『ちょっと待ってください。私に考えがあります』
彼は今までとは少し違うやり方で実験をしたいと言い出したんだ」

◆──心理学者の考え

「さあ、心理学者はいったい何を考えついたんだろう？ みなさんなら、どんな方法を思いつきますか？ ちょっと考えてみてくれるかな。

では、話を続けよう。それは、彼が問題を紙に書いて別の人に渡し、その人は自分では問題を見ずに、ハンスに問題の紙を見せるという方法だった。つまり、出題者は問題も答も知らないままなんだね。すると、奇妙なことが起こったんだ。ハンスは、いつまでもいつまでもひづめで床を打つのをやめようとしないんだよ。いったい、どうしたというのだろう。

『やっぱりそうだったのか』
心理学者はつぶやき、みんなに説明を始めた。

『ハンスは自分で計算して答えていたわけではないんです。出題者の顔の動きを手がかりにしていたのです。つまり、出題者は自分でも気づかないうちに、ハンスに合図を送ってしまっていたのです。たとえば、

11たす7は? という問題を出した場合,ハンスが床を打つ足元をじっと見ていて,正解の18が近づくと身構え,ちょうど18回打ったところで『よし,そうだ』というふうにわずかに顔を上げます。もちろん,無意識にそうしてしまうのですが。これを合図に,ハンスは床を打つのをやめるのです。ほんのわずかな動きですが,ハンスはこれを見逃さなかったのです。

　ところが,今のテストでは,出題者は問題も知りませんでした。だから,何の合図も送られなかったわけです。そして,合図がないためにハンスは,いつまでも床を打ち続けたのです』」

◆──**賢いのか賢くないのか**
　「このハンスの話は,ぼくが大学3年生のときに**実験心理学**の授業の中で習ったものなんだ。ただし,話をわかりやすくするために,少し脚色してあるよ。
　みんなは,ハンスの話をどう受けとめましたか。
　『なあんだ。やっぱりハンスは賢くなかったんだ』と思っただろうか。それとも,
　『まったく算数はできないのに,人の表情を手がかりにして正しく答えられるなんて,ハンスは賢い』と思ったかな。そう言えば,みんなのまわりに,少し似た子がいるかもしれないね。授業中,先生にあてられてまったくわからなかったとき,ふつうは『わかりません』とあっさり言ってしまうのに,その子はちょっと違う。とりあえず何か言いかけてみて,先生の反

応を見るんだ。親切な先生だと，助け船を出してくれることがあるよね。で，ちょっとずつ言い直しながら先生にヒントをもらい，ついには正しい答にたどり着いてしまうわけだ。

　要領がいいと言えばそれまでなんだけど，あきらめずにあらゆる手段を使って問題を解決するという意味で，これも1つの賢さなのかもしれないね。もっとも，この子とハンスとの違いは，『問題を解こう』という意志がはたらいているかどうかという点だろうね。ハンスは別に，算数の問題を解こうという意志はもっていなかっただろうから。

　それからもう1つ，この話の中には別の賢さが含まれている。ぼくの受けていた授業で，先生が取り上げたかったのは，じつはハンスの賢さではなく，ここに登場する心理学者の賢さだったんだ。先生の目的は，この心理学者の判断に注目させることにあったんだよ。つまり，ある現象についての世間の解釈（ここでは，ハンスが計算ができるということ）を鵜呑みにする前に，別の解釈の可能性をきちんと調べてみなければならない（まさに心理学者がしてみせたように）ということ，そして，このときに，『こうなるだろう』という期待をもっていると，その期待通りの行動を相手から引き出してしまうということを言いたかったんだ。このお話の中でも『ハンスはこう答えるだろう』と期待していた出題者たちは，知らず知らずのうちにハンスに合図を送ってしまっていたね。これでは，実

験として不十分だったんだ。でも，心理学者が行った実験では，答を知らない出題者を使うことによって，期待の効果を取り除いたんだ。そして，この実験を通して，これまでのハンスの行動を解釈し直したんだね。この心理学者は，いろいろな条件を吟味するという心理学実験の手法を現実の場面に応用することによって，うまく問題を解決したんだね」

② ピンチを切り抜けた娘

◆──地主のインチキ

「続けてもう1つの話を紹介しよう。ぼくが子どものころ読んだ本の中に，今も強く心に残っているものがある。それは，おおむね次のようなストーリーだった。

ある所に，貧しい農夫がいた。ある凶作の年，彼は地主への年貢を納めることができずに困っていた。しびれを切らした地主は，取り立てにやってきた。地主が来たとき，農夫は娘と家のそばの河原に立っていたんだ。地主は農夫の美しい娘をチラリと見て言った。

『年貢の代わりに娘をよこせ』
あわてふためいた農夫は，泣いて地主に許しを乞う。さすがに哀れに思ったのか，地主は次の提案をした。

『では，娘が助かるチャンスを与えよう。わしが河原の小石を両手に1つずつ拾う。片方の手には白い石，

もう片方には黒い石だ。そして小石を握ったまま，娘に好きなほうの手から小石をとらせる。娘がとった石が黒ければ，娘を連れていく。だが，もし白い石ならば，年貢も娘も免除してやろう』

ぼうぜんとする農夫に背を向け，地主は小石を拾う。しかし，ことの成りゆきを黙って眺めていた娘の注意深い視線は，このとき地主の手元を身逃さなかった。なんと地主は，右手にも左手にも黒い小石をこっそり握ったんだよ」

◆──農夫の娘が考えた「あっ」と驚く方法

「なんてひどいインチキをする地主だろうね。娘はいったい，どうすればいいんだろうか。もはや，絶体絶命のピンチのように思えます。みんななら，どうする？　取り乱して泣き崩れるか？　それとも怒って地主の不正を暴き，抗議するか？　どちらにしても，腹黒いこの地主には，あまり効果がなさそうだね。では，話の続きにもどろう。

娘は，次のような行動をとったんだ。つとめて平静を装い，地主が前に突き出した2つの拳のうち，片方から小石をさっとつかみとり，すばやく河原にわざと落とした。その小石は，河原の無数の小石の中にまぎれてしまった。あっけにとられる地主に向かって，娘は言った。

『あら，私ったら，手が滑ってしまって……。でも，

大丈夫ですわ。地主さまのもう片方の手に残った小石を見せていただければ、私がさっき落とした小石の色がわかりますわね』

　地主は、年貢も娘もあきらめて帰っていったということだ。このように、あっと驚く方法で、娘は見事にピンチを脱出できたんだ」

◆——農夫の娘が教えてくれたこと
　「農夫の娘は、ぼくに2つのことを教えてくれた。1つは、窮地に立たされたときこそ、感情に流されず冷静に考えることが自分を救う道だってこと。もしも農夫の娘が地主のインチキに気づいたとたんパニックに陥っていたなら、いったいどうなっただろう。2つめは、どんなに望みのなさそうな状況であっても、懸命（けんめい）に考えれば何らかの解決策が見つかるということ。『絶体絶命』とあきらめてしまえば、もはや頭はそれ以上はたらかなくなり、それで終わりだ。でも、あきらめずに考えるとき、ぼくたちの頭には思わぬ知恵が浮かぶことが多いものなんだよ」

③ いろいろな賢さがある

◆——賢さの種類
　「賢いハンスのお話に登場する心理学者も、ピンチを切り抜けた農夫の娘も、ともに賢さを備えていたわ

1章　賢さってなんだろう

けだ。でも、このふたりが発揮した賢さは、少し性質の違うもののような気がしないか？　そう、じつは賢さには、いろいろな種類があるんだ。そして、さらに重要なのは、学校の勉強やペーパーテストで良い成績をとる能力以外のものを含んでいるということなんだ。

　次に、賢さの分類を2つ紹介しよう」

◆――ガードナーの7つの賢さ

　「ガードナーという心理学者は、7つの賢さがあると言っている。★1 それは、次のような内容なんだ。プリントを見てみよう。

ガードナーの7つの賢さ
①言葉を自由自在に使いこなす賢さ
②ものごとを論理的・数学的に考えられる賢さ
③音楽ができる賢さ
④空間の位置関係がわかる賢さ
⑤スポーツやダンスができる賢さ
⑥他人の気持ちがわかる賢さ
⑦自分の感情や行動をコントロールできる賢さ

けっこうたくさんあるよね。でも、これでもまだ足りず、ガードナーは8番めを1995年に付け加えたんだ。それは、自然界のものを区別し分類できる、ダーウィンのような賢さだと言うんだ。ダーウィンっていうのは、ほら、進化論の、あのダーウィンだよ。さらにガ

ードナーは，9番めのものとして，人間の存在や人生，死といった問題を深く考えることのできる賢さを追加しようかと考えているのだそうだ。

　このように，ガードナーは，さまざまな賢さに注目する必要があると主張している。とりわけ7番めの『自分の感情や行動をコントロールできる賢さ』は，この授業の中でとくに強調したいものの1つなんだ」
　ここで，積極的なエリが手をあげます。
　「先生，質問」
　「はい，エリくん」
　「なんか，ガードナーの分類を見てると，ほかにも賢さがあるような気がするんですけど」
　「ほう，たとえば」
　「たとえば，ええっと，創造的に考える賢さとか，それから鋭く観察できる賢さとか……」
　「うん，なかなかいいこと言うじゃないか。たしかに，ガードナーの分類は，重要な項目をもれなく含めたというよりは，思いついたものを書き出したという感じだよね。よく考えてみると，ほかの賢さだってあるんじゃないかと思えてくる。ここで抜け落ちてると思う賢さを，みんなもそれぞれ考えてみよう」
生徒たち　「うーん，ほかにもありそう……」

◆──スタンバーグの3つの賢さ
　「次に，スタンバーグという心理学者は，ぼくたちの生活において役立つという観点から，賢さを次の3

種類に分けています[*2]。プリントを見てみよう」

スタンバーグの3つの賢さ
①分析的に考える賢さ
②創造的に考える賢さ
③実践的に考える賢さ

　まず，分析的に考える賢さとは，現在の学校のテストや入試問題に答えるために一番必要とされる賢さだ。順を追って筋道立てて論理的に考える力，『どこかおかしなところはないか？』と批判的に考える力などがこれに含まれるよ。

　次は，創造的に考える賢さ。さっき，エリくんが言ってた賢さだね。これは，自分で新しいことを考え出したり，一見関係のなさそうなものどうしの間に関係を見つけたりする力なんだ。『もっと別の考え方はできないか？』という視点をいつも忘れず，ものごとをさまざまな角度から多面的にとらえる力がこれに含まれるよ。

　実践的に考える賢さとは，自分の賢さを実際の生活に役立てる力のことだね。いくら分析的に考える賢さや創造的に考える賢さをもっていても，それを実際の場面で使えなければ，役に立たないものね。頭ではよくわかっていても，実際に適切な行動をとることができなければ，現実の問題は解決しないんだ。ぼくたちが現実の生活を送る中で直面する問題を解決するため

には，自分の賢さをじょうずに活用して行動に移す力が必要だ。これが，実践的に考える賢さなんだよ」

◆——じょうずに生きるために

「ぼくたちが現実生活の中でじょうずに生きるためには，自分の身にふりかかってくる危険や難問をいくつも乗りこえていかなければならない。そのためにこそ，賢さが必要なんだ。そして，ふだんの生活の中で発揮される賢さはひと通りではないんだよ。

スタンバーグの分類を使えば，念入りな実験によってハンスの見かけの計算を見破った場面では，心理学者はとくに分析的な賢さを発揮したと考えられるね。また，地主の悪だくみを逆手にとる方法を考え出した場面では，農夫の娘はとくに創造的な賢さを発揮したと考えられるだろう。もちろん，ふたりとも頭に描いただけでなく実際に見事に問題を解決したわけだから，実践的な賢さを発揮したことは言うまでもないよね。そして，とくに娘の場合は，動揺する気持ちを抑えてあくまで冷静に判断していた。これはガードナーの言う7番めの賢さ，つまり，自分の感情や行動をコントロールできる賢さでもあるわけだね。

このように，広く多面的な賢さを備え，その場に応じた賢さを発揮することができれば，きっと数々の困難にも立ち向かっていけることだろう」

1章　賢さってなんだろう

◆――もっと賢くなれるか

　「『もっと賢く生まれてきたらよかったのに』
　そんなふうに思ったことはないだろうか。
　『賢いのも賢くないのも生まれつき』
　君たちは，そう思ってあきらめてはいないだろうか。これも，まったくまちがいというわけではないよ。でも，じつはぼくたちは，自分の賢さを十分に発揮していないんだ。半分くらいしか発揮していない人もいるんじゃないだろうか。なぜだろう？　それは，賢さを発揮する方法をよく知らないからなんだ。頭の使い方と言い換えてもいいだろう。要は，使い方しだいなんだよ。たとえば，同じだけの財産を親から譲り受けても，使い方がじょうずな人はリッチになるし，へたな人は，なんだか知らないうちに貧乏になっていたりするよね。それと似たことが，頭の使い方にもあてはまるんだ。
　では，じょうずに頭を使うにはどうすればいいだろう。この授業では，まさにその方法を考えることにしたいんだ。頭を使うというのは考えることだから，じょうずに考える方法を考えるということになるね。
　じょうずに考えるにはどうすればいいか？　まず，考えることを妨げる原因を取り除くことだ。そして，考えるための方法を少しでもたくさん知っておくことが役に立つよ。それから，もう1つ大切なことは，自分自身の考え方のくせを知り，その欠点を補いながら，うまく自分の賢さを生かしていくことなんだ。

ではプリントを見て。次回からの予告をしておこう。

この授業のおもな内容
①考えることを妨げるからくりを知る。
②限られた情報から判断する。
③できごとの原因を探る。
④日常の賢さを求めて。

　まず，次回からの授業では，ぼくたちが考えることを妨げるからくりを知るところから始めよう。からくりを見破ることが，これを避けるための第一歩だからね。次に，日常生活の中でくだす判断をふり返ってみよう。情報が限られている場合にも正しい判断ができるようになるためにね。そしてその次に，ぼくたちが直面するいろいろな問題の原因をどう考えればいいか，いっしょに見ていくことにしよう。そして最後に，日常の賢さを発揮するために気をつけたい点をまとめることにする。さあ，次からは具体的な話に入るよ」
　今日も，あっと言う間の50分間でした。
「この授業って，なんか早く時間が経つと思わない」
「うん。ほかの授業は時間の経つのが遅いのにね」
「それって，あたしたちが授業に集中してるってことかしら」
「そうそう。引き込まれるって言うか」
「それにしても，頭は使い方しだいって，なんか希

望がもてるよね」

「この授業をまじめに聞いてたら，いつのまにか賢くなってたっていうんだと，いいよね」

「うん。ついでにお小遣いの使い方もじょうずになって，いつのまにかリッチになってるといいな，アハハ」

「それもやっぱり，生きるための賢さだよね」

4限目の後はランチタイムなのですが，お昼ごはんを食べながらも，生徒たちの話はえんえんと続くのでした。

1章のまとめ

　賢さにはいろいろな種類があります。この本で扱うのは，学校の成績に反映される賢さを越えて，私たちが毎日の生活の中で出会う問題を正しくとらえ，解決するための賢さです。より良く生きるためには，本当の意味で賢くなることが必要です。

　本当の賢さとは何か，もっと賢くなるにはどんなことを知っておくべきかを，今から見ていくことにしましょう。

2章 考えることを妨げるからくりがある!?

① 思い込みにとらわれていないか

◆——2本ひも問題

　また、1週間が経ちました。お待ちかねの火曜の4限です。チャイムとともに、ウラシマ先生がやって来ました。もう、すっかり学園になじんでしまい、リラックスしています。なんだか、ずっと前からここで先生をしていたような感じです。
　「みんな、今日も元気かい」
生徒たち　「はーい、元気でーす！」
　「うん、よしよし。昼食前だというのに、このクラスは、やたらエネルギーが余ってるようだな。そのエネルギーを、みんな頭に流し込んでもらおうか。じつはね、今日はいきなり、頭を使ってほしいんだ。せっ

かく考える力をもっていても、それがうまく発揮できないことがある。なぜそうなってしまうのか、考えることを妨げるからくりについて、今日は勉強しよう」

「まず、プリントの図1を見てください。この人は、天井からつり下げられた2本のひもを結び合わせようとしています。ところが2本のひもは、互いに遠く離れていて、同時に両方のひもをつかむことができません。床には数枚の紙、クギ、ペンチなどが落ちています。イスもあります。さて、君たちなら、どうやってひもを結び合わせますか？」

生徒たちは考えます。

「なんか、クイズみたい」
「クイズ？　まあ、そう言えばそうかな」
「何を使ってもいいんですか」
「ああ、いいよ」

図1　2本ひも問題

「わかった！　この人が着ているポロシャツを脱いで，ひもにくくりつけたらいいんだ」
「なんだって？」
「もし，それでも届かなかったら，ポロシャツの下のアンダーシャツも脱いでポロシャツにくくりつければいいんだわ」
「ええっ！」
「もしアンダーシャツを着ていなければ，ズボンを使うことだってできると思います」
「うーむむ……」
　まったく予想外の答に，たじろぐウラシマ先生。
「いや，じつはね，床に落ちてるものを使ってほしいんだけど。ほら，ペンチだとか，あるじゃない」
「えっ，まさかペンチをひもにくくりつけるとか？」
「うんうん，いいところに気がついたね。そうなんだよ。ペンチを重りにして，振り子のように揺らすんだけど」
　用意した答をなんとか引き出せて，ホッとするウラシマ先生。
「でも，ペンチをつり下げたりしたら，危険だと思います」
「それに，着ているものをどんどん脱いでいって，ひもにくくって揺らしたらもっと遠くまで届くから，やっぱりそのほうがいいと思います」
「いやー，まいったな。たしかに君たちの答のほうがいいかもしれないな。じつはね，これはマイアーと

いう人が考え出した，心理学の世界ではけっこう有名な問題なんだ[★3]。マイアーの考えた正解は，床に落ちているペンチを片方のひもにまず結びつけ，振り子のように揺らしておいて，もう1本のひもをつかみ，揺れているひもが近づいたときにつかまえて結びつける，というものだったんだよ。でも，多くの人たちは，ペンチを振り子の重りとして使うことは思いつかず，10分経っても問題は解けなかったそうだ。それは，『ペンチは針金を切ったり曲げたりする道具だ』という思い込みにしばられてしまうからなんだ。でも，みんなの意見を聞いて，なんだかぼくたち心理学者のほうが，答はこれしかないって，思い込んでたような気もしてきたよ。着ている服を順番に脱いでひもにどんどん結びつけていくなんて，ちょっと考えつかなかったからね」

◆——ロウソク問題

「それでは次に，ドゥンカーという人のロウソク問題を考えてみよう[★4]。プリントの図2のように，押しピン，ロウソク，マッチ棒が，それぞれ紙の箱に入っています。ここでの問題は，ロウソクを，床に垂直になるように壁に取りつけ，火をともすことです。いいかい，床に平行じゃなくて垂直にだよ。どうすればいいかな？」

「これもきっと，なーんだっていうよう

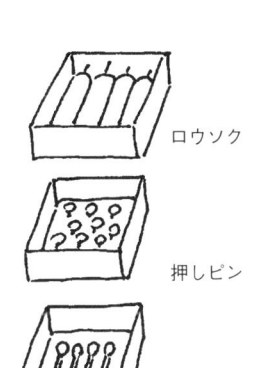

図2　ロウソク問題

な答があるはずね」

　さっきの2本ひも問題で自信をつけた生徒たちは，心の中で確信しています。でも，やっぱりむずかしい……と思っていたら，

　「はい」
と手をあげるリサの声。

　「はい，リサくん」

　「まず，マッチに火をつけます」

　「えっ，それから」

　「それから，ロウソクの真ん中あたりをあぶってロウをやわらかくします」

　「ふーん。それで？」

　「それで，やわらかくなったロウソクをギュッと直角に曲げて，壁にさした押しピンに乗せて……，あれっ，ちょっと無理かなぁ」

　「うーん，惜しかったね。いい線いってたんだけどなぁ」

　じつはあんまりいい線いってないんだけど，せっかくの勇気ある発言なので，フォローに努めるウラシマ先生です。

　「みんな，やっぱり思い込みにとらわれてるね。ほら，正解は，こうなんだ」

　（ウラシマ先生，黒板に図3をかく）

　「こんなふうに，箱を押しピンで壁に止めてロウソク立てにしてから，その上にロウソクを立てて火をともす。ねっ，わかるかな。ここでの重要なポイントは，

2章 考えることを妨げるからくりがある!?

箱を使うってことなんだ。ところが，なかなかこれを思いつくことができない。これは，箱を，押しピン，ロウソク，マッチ棒などをしまう『容器』として固定的にとらえてしまい，『道具の1つ』としてとらえ直すことがむずかしいからだ。つまり，『箱は単なる容器』という思い込みにしばられてしまうわけなんだね」

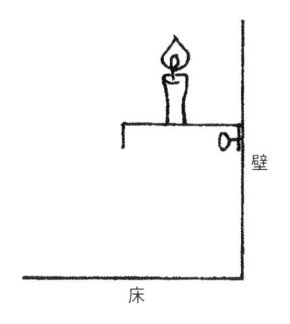

図3　ロウソク問題の正解

◆── 9つの点問題

「最後は，とても単純な問題です。プリントの図4のような9つの点をひと続きの4本の線でつないでみてください。これを，一筆書きと言うんだけどね」

「あれっ，点が1つ残る」

「先生，5本の線じゃだめなんですか」

「だめだめ。5本の線だったら，だれでもできてしまうじゃないか」

「うーん，どうすればいいの」

この問題も，なかなか解けそうにありません。

図4　9つの点問題

「君たち，年はぼくよりずっと若いのに，けっこう頭がかたいんだね。いい？　よく見ててね。ほら！」

4本線ですいすいと9つの点をつないでいくウラシマ先生。

> 課題1　読者のみなさんなら，どうつなぎますか？
> 　　　　　　　　　　　　　　（解答は111ページ）

「わっ，先生ずるい」

「こんなふうにはみ出すのもありなの？」

「そんなこと，聞いてないわ」

ざわめく教室。不満そうな生徒たち。

「ちょっと待ってよ。そんな，まるでぼくがインチキしたように言うのはやめてよね。だって，はみ出しちゃだめなんて，ひとことも言わなかったじゃないか」

生徒たちの抗議にあせってしまって，思わず友達言葉になるウラシマ先生。落ち着きを取りもどし，次のように説明します。

「そう，じつはこのような問題を出されるとぼくたちは，『外側の正方形からはみ出さないで線を引くこと』という条件を，知らず知らずのうちに付け加えてしまうのです。これも一種の思い込みだね」

「こうした思い込みは，柔軟な思考を妨げ，問題を解決するための障害となります。では，思い込みはどこからやってくるんだろうか。一般に，ぼくたちは経験を重ねることによって，後の問題解決が楽になることが多いのですが，時には，そうした経験から強い思い込みが生まれ，頭を切り変えることがむずかしくなることもあるのです。これが『慣れること』のこわさなんだ。先ほどの問題では，『箱は物をしまうための

2章 考えることを妨げるからくりがある!?

容器』というふうに，物の使い道や役割を固定的にとらえてしまうことが敗因でしたね。そのため，本来の使い方とは異なる使い方ができにくくなってしまったのです。このような現象を，心理学では**機能的固着**とよびます。機能的固着を起こさないためには，ふだんから身の回りの物の使い道を工夫する態度が必要だよ。たとえば，『捨てようと思っていたこのバッグ，何かほかのことに使えないかな？』というぐあいにね」

②
みんなの言う通りか

◆——不思議なまちがい

「さて，今までと違って，今度はぐっと問題がやさしくなるよ。図5を見てください。上の線分と同じ長さの線分は，a，b，cのうちどれでしょう。はい，サエくん」

「bです」

「そう，bですね。この問題，答をまちがえる人って，いると思う？」

生徒たち 「そんなの，いるわけないじゃないですか」

「ところがね，いるんだよ」

「えっ，目が良くない人とか」

「いや，視力ばっちりの人でも，少し細工をすることによって，これをaと答える人が増えてしまうんだ

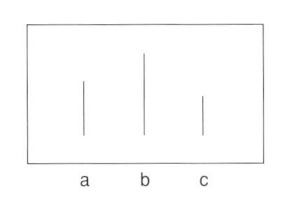

図5 上の線分と同じ長さの線分はどれ？

よ。アッシュという人が、次のような実験をしたんだ。[5]
基本的には、図6のように8人程度のグループを作って、答える順番を矢印の方向にと決めておきます。

図6　サクラ7人と本物の被験者1人

　このうち7人には、aと答えるようにこっそり頼んでおく。このようなニセの被験者を、サクラと言うんだよ。あっ、最近では被験者の代わりに実験参加者とも言うね。するとどういうことが起こるでしょう？たったひとりの本物の被験者も、時にはつられてaと答えてしまうのです。いったい、なぜこんなことが起こるのだろう。本物の被験者に聞いてみました。すると、ある人たちはこう言ったんだ。
　『本当は、ずっとbだと思っていました。でも、みんなと違うことを答えたら、変人だと思われるでしょ。私は、仲間はずれになるのがこわくて、みんなに合わ

せてしまいました』

　また，こんなふうに答える被験者もいたよ。

　『はじめはｂだと思いました。でも，みんながａだと言うので，こんなにたくさんの人がまちがえるはずはないし，どうしてだろうと考えてるうちに，だんだん自分がおかしいんじゃないかと思い始めました。で，本当はａが正しいんだと思うようになりました』ってね。ちょっと，びっくりするだろう」

◆――判断のよりどころを多数派に求める

　「みんなだったら，どうしますか？　他の人たち全員が明らかにまちがったことを言う中で，たったひとり『それは違う』と言う勇気はありますか？　これは，とてもむずかしいことだよね。多くの場合，『みんなはまちがっている』と思いながらも調子を合わせてしまったり，また，『自分のほうがまちがっているのかもしれない』と思い直したりします。**集団から無言の圧力**がかかるわけだね。ただし，さっきの問題はとても単純なので，『では，定規で測ってみよう』ということになれば，どちらが正しいのかがはっきりとわかります。でも，原子力発電は本当に必要なのか，あるいは裁判に国民がどの程度関与すべきか，といった問題には，絶対これが正しいというような正解がないよね。このように，世の中の多くの問題にはいわゆる正解がないため，他の人はどう考えるのかな，とまわりを見渡し，みんなの意見を参考にするということがよ

くある。このように，正解のない問題や簡単には判断できない問題の場合には，みんなに合わせて同じことを言うという行動が起こりやすくなるんだ。こうした行動を，心理学では**同調**とよぶんだよ」

◆──社会的証明

　「これは何も，出された問題を改まって考えるときに限ったことではありません。たとえば，歯磨きを買いにスーパーに行くとするよね。ちょっと大きなスーパーなら，さまざまな種類の歯磨きがずらりと並んでるよね。ぼくなんか，いつも迷ってしまうんだ。君たちなら，いったいどうやって１つの歯磨きを選びますか？　『容器の外側に書いてある説明を読んで，良さそうなものを選べばいいんじゃない』と思うかもしれません。でも，実際にやってみてごらん。それぞれに，とても良さそうなことが書いてあり，どれが一番いいのかわからなくなるよ。では，どうすればいいのか。多くの人がとる方法は，一番よく売れているものを買うということです。この方法のもとになるのは，たくさんの人が選ぶものは，きっといいものだという考え方なんだ。何も，歯磨きに限ったことではないよ。同じようなレストランが３〜４軒並んでいれば，お客がたくさん入っている店を選ぶのが普通のやり方だと思う。また，店に入って何を注文しようかと考えるとき，まわりを見渡してみんなが食べているものに決めるということも，少なくないよね。それは，みんなが選ぶ

店はいい店であり、みんなが注文するメニューはきっとおいしいに違いないと考えるからです。つまり、『みんなのすることは正しい』という**社会的証明の法則**がぼくたちの頭の中にあるんだ」

◆──社会的証明の法則が崩れるとき

「多くの場合、社会的証明は役に立つよね。だって、みんなが選ぶものや買うものには、それだけの価値があることは多いんだから。でも、1つだけ心にとめておこう。それは、『みんなの考えが操作されていることがある』ということなんだ。さっきのアッシュの実験を思い出してみてほしい。ひとりを除いて全員の考えが操作されていたよね。この場合には、みんなで取り決めをして、ウソをついたわけだから、みんなは承知のうえで操作されていたと言えます。ところが、知らないうちに多くの人の考えが操作されてしまうことがあるんだ。さあ、君たちも考えてみて。どんな場合があるだろう」

```
課題2　読者のみなさんも、いっしょに考えてみて
　ください。
　　　　　　　　　　　　　（解答例は111ページ）
```

③
「はい」と言わせる魔法

◆──セールスのビデオ

「人から何かを頼まれたり，すすめられたりして，なんだかわからないうちに『はい』と答えてしまったことはありませんか？　じつは，相手に『はい』と言わせるためには魔法のようなテクニックがあって，優秀なセールスマンやセールスウーマンはこれを上手に使っている場合が多いんだ。そのテクニックを，いくつか紹介しよう。ここで２つのビデオを見ることにしよう」

ビデオ①

　　場所は車のショー・ルーム。時は日曜日の午後。数組の家族連れが車を見て回っている。１台のワゴン車の前で，ある家族が足を止め，夫婦が相談を始める。その車が気に入ったようだが，まだ少し迷っているようす。そこへ近づくひとりのセールスマン。

セールスマン　「いかがですか？　モデルチェンジも近いことですし，カーナビ付きのこの車，特別にあと10万円値引きして，200万円にしておきますよ」

妻　「それは安いわ。それなら……ね」

2章　考えることを妨げるからくりがある!?

夫　（セールスマンに向かって）「よし，決めた。これにするよ」
子どもたち　「わーい，わーい」
セールスマン　「はい，ありがとうございます。もう，たいへんお買い得ですよ」
　（セールスマン，一度奥へ引っ込み，どこかへ電話をかけた後，もどってくる）
セールスマン　「お客様，たいへん申し訳ございません。今，社のほうに問い合わせましたところ，この車種ではカーナビはオプションなんだそうです。これを付けると，あと10万円かかることになりますが……」
夫　「うーん。まあいいや，買うよ」

ビデオ②
　とある大学の研究室。夏のボーナスが出たばかりのころ。感じのいいセールスウーマンがドアをノックし，ていねいなお辞儀をして入ってくる。
セールスウーマン　「本日はお忙しいところを，失礼いたします。わたくし，こういう者でございます。（名刺を渡す）じつは，先生が英会話のための教材をお探しだとうかがいまして，いくつかお持ちいたしました。当社一番のおすすめは，こちらのビデオ教材のセットでございますが，いかがでしょう？　必ずや，先生のお気に召すものと確信しております。今は割引期間中ですので，25万円でお分けできるんですよ」

教授　「そんな高いもの，ちょっと無理ですね」
セールスウーマン　「そうですか。残念ですね。(がっかりしたようすだが，すぐさま気を取り直して) それでは，こちらはいかがでしょうか？　英会話のテキストとCD 3枚組で，25,000円です。またとないお買い得ですよ」
教授　「うーん，それくらいなら，ま，買えそうですね」

「どうだい？　お客にものを買わせるにも，テクニックがあるってわかったかな。まあ，ぼくだったら，ワゴン車の話のほうには乗らないと思うけどね。でも，こうしたテクニックはよく使われるもので，しかも，ものを買う場面に限らないんだよ。**承諾誘導**といって，相手に承諾させる，つまり『はい』と言わせる魔法みたいなものなんだ。そのテクニックを3つ紹介しよう」[8]

◆——3つのテクニック
「プリントを見てみよう」

「はい」と言わせる3つのテクニック
①フット・イン・ザ・ドア（foot-in-the-door）テクニック
②ドア・イン・ザ・フェイス（door-in-the-face）テクニック

③ローボール（low-ball）テクニック

「1つめは、**フット・イン・ザ・ドア（foot-in-the-door）テクニック**といって、まず、だれもが受け入れるような小さな要求を出して受け入れさせ、次に目的とする大きな要求を出すという手法です^{★6}。たとえば、こんな実験があるんだ。1軒1軒に電話をかけて家庭の主婦に、

　『お宅で使っている石ケンについて簡単なアンケートに答えてほしい』

という小さな要求をはじめに出して受け入れてもらう。それから、

　『お宅に伺って日用品・家財道具などの調査をしたいので2〜3時間協力してほしい』

という面倒な要求を出すんだ。すると、最初からこの要求を出した場合には22％の人しか受け入れてもらえないのに、はじめの要求の後に出した場合には、53％もの割合で受け入れてもらえたんだよ。"foot-in-the-door"というのは、『ドアの隙間に足を差し込む』という意味なんだ。つまり、足を1歩踏み入れることができたら、後はしめたもの、体もドアの内側に入れてもらえるよ、という感じだね」

「次に2つめのテクニック。これは、**ドア・イン・ザ・フェイス（door-in-the-face）テクニック**といって、まず、だれもが拒否するような大きな要求を出して拒

否させ、次に目的とする比較的小さな要求を出すという手法です。[7]これも実験で確かめられているんだ。大学のキャンパスを歩いている学生に、

　『2年間続けて毎週2時間、非行少年のカウンセラーをつとめてほしい』
というたいへんそうな要求を出してわざと断らせた後で、

　『それではせめて、非行少年のグループを動物園に連れて行くのを、2時間ほど手伝ってほしい』
という要求を出す。すると、いきなりこの要求を出した場合に受け入れられる割合がたったの17%であるのに対して、このような段階をふむと50%まではね上がったんだよ。驚きでしょ。あ、それから、"door-in-the-face"というのは、『顔の前でドアをバタンと閉める』という意味なんだ。つまり、こちらからの依頼を、いったんはドアをバタンと閉めるように相手にはっきりと断らせ、『ちょっと気の毒かな』という気持ちにさせておいて、それから交渉を始めるといったところかな」

「3つめは、**ローボール（low-ball）テクニック**といってね、まず、非常に魅力的な、あるいはあまり面倒でない行動の選択肢を用意してそれを受け入れさせ、次になんらかの理由をつけてその魅力的な側面を取り除いたり、もっと面倒なものにした後でもう一度選択させる、という手法です。[8]実験としては、次のようなものがあるよ。高層の学生アパートの最上階まで

2章 考えることを妨げるからくりがある！？

行って，
　『あなたの部屋のドアにポスターをはらせてほしい』
という要求をまず受け入れてもらった後で，
　『じつはポスターは1階の受付にあるので，それを自分で取ってきてはってほしい』
という少々面倒な条件を出すんだ。すると，いきなり面倒な要求を出した場合の受け入れが20％止まりなのに対して，後から面倒な条件をつけた場合には，60％もの学生が受け入れてくれたんだ」
　「さて，ここで問題。さっき見たビデオで使われていたセールス・テクニックはそれぞれ，この3つのうちのどれだろう？」

　課題3　どれだかわかりますか？

　　　　　　　　　　　　　　　（解答は112ページ）

　「さっき紹介した実験では，主婦や大学生が対象になっていたけど，この3つの方法は，いろいろなバリエーションがあるんだよ。たとえば，君たちにとってもっと身近な例もあるだろう。買い物をするとき，上手なセールストークに惑わされたり，また，何かの会員になってくださいと頼まれたり。そんなときには，今日の話を思い出して，よく考えようね」

◆——なぜそうなるのか

「人間って，なんだかえらくあっけなく，ひっかかってしまうんだね。なぜ，こんなふうになるんだろう。いくつかの解釈があるけど，代表的なものを紹介しておこう。1つにはね，ぼくたちの判断や評価が揺らぎやすいからなんだ。

たとえば，フット・イン・ザ・ドア・テクニックの場合。一度小さな要求を受け入れると，『ああ，私は親切な人間なんだ』という方向に，自己評価が少し変化するんだ。すると，もとの自分だったら断ってしまうような，もっと大きな要求に対しても，『私は親切な人なんだから，この程度の要求なら受け入れるはずだ』というふうに思ってしまう。そして，実際に受け入れてしまうんだ。

また，ドア・イン・ザ・フェイス・テクニックの場合には，相手からの要求を最初に自分が断ったことで，何か相手に借りができてしまったような錯覚に陥るんだ。『自分に対して，相手は譲ってくれた』というわけだね。そして，相手が次に出してきた要求，これは最初の要求に比べるとぐんと控えめなものになっているよね。これに対して，『今度は自分が譲る番だ』と思い込んでしまって受け入れるんだ。『譲られたら譲り返す』『借りた恩は返す』というのは，たしかに人間社会のルールだけれども，よく考えてみると『あれっ？』て思わないかい。だって，最初の『譲られ』というか『借り』は，後の要求を通すためにわざと作ら

れたものだからね。やはり，錯覚を利用されたんだね。

　ローボール・テクニックの場合には，『一貫性へのとらわれ』という心理がたくみに利用されている。つまり，『一度こうと決めたことを後でくつがえすのは，一貫性のない行動だ』『一貫性のない行動をとる人は軽蔑される』という思いが，ぼくたちの心の中にある。話をもちかける側の人間は，これを利用して，一度『はい』と言わせた後で，最初とは少し違う条件をつけてもなお，『はい』と言わせ続けることができるんだね。本当は，条件が変化したんだから，ここで『いいえ』と言ったとしても，一貫性が破られたことにはならないんだけどね。これだって，一種の錯覚だよね。

　このような，錯覚に基づくゆがめられた判断は，わりによく起こるものなんだよ。冷静なときでさえそうなんだから，パニック状態など冷静さを欠いているときや感情的になっているとき，つまり感情がコントロールできていないときには，なおさらだよね。

　ここでちょっと，感情が判断に対していかに大きな影響力をもつかを見ておくことにしよう」

④ 感情の支配下に

◆──心に住むトラ

　「こんな話があるんだ。中島敦っていう人が書いた『山月記（さんげつき）』という小説なんだけどね」

ウラシマ先生には珍しい，文学ネタです。

「主人公は，昔の中国のエリートだったんだ。ところがあるとき，突然姿を消してしまった。何年も経ったころ，彼と親しかった友人がうら寂しい峠道を夜明け前に通りかかった。すると，どこからともなく1頭のトラが姿を現した。そのトラこそは，姿を消したあのエリートだったんだ。トラは言った。

『なぜオレがこんな姿になってしまったのかを話そう』

彼の話をかいつまんで言うと，次のようになる。

『自分はたしかに人よりも頭が良かったかもしれない。しかし，心にはどうしようもないトラが住んでいたのだ。人はみな，心のトラをてなずけながら生きていく，猛獣使いなのだ。自分の場合は，臆病な自尊心と尊大な羞恥心というトラをついに手なずけることができなかった。その結果，こんな姿になって人里離れた山奥に隠れ住む身の上となったのだ』

すっかり話し終わると，細い三日月が浮かび上がる夜明け前の闇の中へと，彼は再び姿を消してしまったんだ」

生徒たち　「悲しい話ね」

「山月記は，心に住む1頭のトラ，すなわち，人一倍高いプライドとそのプライドが傷つくことへの不安がないまぜになった激しい感情によって，心をのっとられた人の物語だったんだ」

◆——感情のハイジャック

「感情が判断を狂わせることって，みんなにもないかな。たとえばものすごく頭に来て，一瞬，判断力をなくしてしまうような経験が」
生徒たち　「うん，あるある」
「最初は，ごくささいなことで怒っていた。それに追い打ちをかけるように，また腹立たしいことが起こってしまった。こんなとき，怒りはどんどんふくらんでいく。また，怒っている状態は，あらたな怒りを呼びやすいものなんだ。怒るから，よけい腹が立つ。まさにそんな感じだよね。こういう状態のときに，行動を起こすのは危険なんだよ。なにしろ，まともな判断ができなくなっているわけだから。
　怒りにまかせて暴言をはいたり，感じの悪い態度をとって人間関係をこわすこともある。とんでもない決定をして，自分を困った立場に追い込むこともある。そして，極端な場合には，怒りを向けた相手に暴力をふるってケガをさせたりすることさえあるんだ。
　ゴールマンという人は，このように，激情に支配されて見境がなくなる状態を**感情のハイジャック**とよんでいるんだ」

◆——誤った判断に突き進むとき

「ゴールマンのあげた多くの例から1つを，少しぼくの脚色が入っているかもしれないけど,紹介しよう。[9]ジェイは成績優秀な高校3年生だった。成績はオール

A。アメリカの話だから，成績は日本と違って，A・B・Cでつけるんだよ。ハーバード大学の医学部に現役合格して，医者になることが彼の夢なんだ。彼の高校生活はとても順調だった。勉強も人間関係も。ところが，予想外のできごとが起こるんだ。物理のテストで，なんと50点という，彼にとっては屈辱的な点をとってしまったんだよ。

『ああ，これでもうハーバードの医学部には入れない！』

ジェイは激しい落胆におそわれた。そして次の瞬間，落胆は激しい怒りへと姿を変えたんだ。彼は考えた。

『あいつのせいだ。あの物理教師がぼくの将来をじゃましたんだ。あいつさえいなければ……』

それから10分後，ナイフを隠し持って，物理の実験室へと忍び込むジェイの姿があったんだよ」

生徒たち　「わぁー，こわい」

「ここでもう一度，山月記の主人公の話を思い出してほしいんだ。そう，彼も秀才だった。そしてこのジェイも。いくら学校での成績がいい秀才だからといって，感情の奴隷にならないとは限らないんだ。激しい感情に突き動かされて判断を誤るとき，そしてそのまま行動へと直進するとき，学校で見せていた賢さは，ふき飛んでしまうことが多いんだよ」

2章　考えることを妨げるからくりがある！？

2章のまとめ

　正しく考えることを妨げるからくりに注意しましょう。たとえば，次のようなものがあります。

＊「これはこういうものなんだ」という思い込み
＊みんなと違う考えをもつことへの抵抗感や不安
＊セールスなどに使われるトリック
＊冷静さを失わせる感情

3章 限られた情報から判断する

① その論理は正しいか

◆——カナリア学園の黄色いリボン

　カナリア学園ではつい最近，生徒たちの要望を聞き入れて制服を廃止しました。今ではみんな，思い思いの服装をしています。そのため，構内を1歩出ると，どこの生徒かわからなくなります。高等部1年生ではもうすぐ，ウグイス山までの遠足があります。

　「うーん，困った」

　職員室で，引率の先生が頭を抱えています。

　「列から離れて迷子になりかけている生徒を，どうやって他校の生徒から見分ければいいんだ」

　そこで教頭先生が名案を出します。

　「大丈夫ですよ，先生。遠足の日だけ，うちの生徒

の髪に黄色いリボンをつけさせればいいんです。それで，カナリア学園の生徒だって，すぐわかりますよ」

「えっ，髪に黄色いリボン……。アイデアはすばらしいんですけど，生徒たち，いやがりませんかねぇ」
教頭先生のアイデアで，本当に問題が解決するのでしょうか。この会話に，じっと耳をすませている人がいました。ウラシマ先生です。

「いいことを聞いたぞ。このネタは使えそうだ。ふっふっふ」

低い笑い声を残して，彼は職員室をそっと出て行きました。今日は火曜日。次は4限目です。

◆──「AならばBである」から言えること
さて，場所は1年3組の教室。
「みんな，今日の授業では，論理的に判断する練習をしてみよう」

「えっ，論理的？　なんかむずかしそう……」

「いや，別にむずかしくはないんだよ。それに，ふだんの生活の中でも，論理的に考えて判断しなければ失敗してしまうことが，じつはたくさんあるんだ」

「さっきね，職員室でこんな話を小耳にはさんだんだ。ほら，もうすぐ春の遠足があるだろ。今年はウグイス山らしいよ。でね，君たち私服だから，学校の外ではカナリア学園の生徒かどうかわからなくなってしまって，引率の先生が困るじゃない。そこで教頭先生が名案を出したのさ。うちの生徒は頭に黄色いリボンをつけさせたらどうかって」

「ええっ！　いくらカナリアだからって……」

「そんな恥ずかしいことするんですか」

「生徒の意見も聞いてほしいでーす」

教室は騒然となります。

「まあまあまあ。これはまだ，決まったわけではないんだ。アイデアの段階だよ。今日の授業ではまず，このアイデアで本当に問題が解決するのかどうかを**論理的**に考えてみたいんだ」

「いいかい。生徒たちがみんな，きちんとルールを守った場合，

『カナリア学園の生徒ならば，黄色いリボンをつけている』

は，常に正しいと言えます。いいね。では，黄色いリボンをつけていない子は，カナリア学園の生徒ではないと判断していいのでしょうか」

3章　限られた情報から判断する

生徒たち　「はい。いいと思います」
　「はい，その通りだね。それでは，黄色いリボンをつけている子は，カナリア学園の生徒だと判断していいのでしょうか」
生徒たち　（少し考えて）「はい，そうです」
　「えっ，そうだって？　ちょっと待って。もし，他校の生徒が黄色いリボンを髪につけていたら，どうするの？」
生徒たち　「あっそうか。そこまでは考えなかった」
　「じつは，この種の判断の誤りはけっこう多くて，うっかりすると見過ごしてしまいやすいんだよ。順序立てて考えていこう。まず，『AならばBである』。これを**命題**と言います。たとえば，『カナリア学園の生徒ならば黄色いリボンをつけている』。この命題が正しいならば，必ず正しいと判断できるのは，『BでなければAでない』だけなんだ。
　つまり，『黄色いリボンをつけていなければカナリア学園の生徒ではない』。これを，もとの命題に対して**対偶命題**と言います。
　次に，『BならばAである』を考えてみよう。これは，『黄色いリボンをつけていればカナリア学園の生徒である』だよね。これを**逆命題**と言います。
　さらに，『AでなければBでない』。これは，『カナリア学園の生徒でなければ，黄色いリボンをつけていない』だよね。これを**裏命題**と言います。
　ぼくたちは，逆命題や裏命題を正しいと錯覚してし

まいがちなんだけど，これらは，必ずしも正しいとは言えない。ほら，さっきも言ったように，たまたま他校の生徒が黄色いリボンをつけている場合が考えられるからね。

　具体的な内容のままだと，こんがらがってしまったり，わかりにくかったりすることがあるけど，そんなときは，中身をAやBに置き換えてみるといいよ。記号に置き換えることによって，内容に惑わされることなく，論理的な判断ができるというわけ。プリントにまとめてあるから，見てみよう。」

AならばB（A→B）から言えること

A：カナリア学園の生徒である
B：黄色いリボンをつけている

A→Bであるならば
　（カナリア学園の生徒である→黄色いリボンをつけている）

●**必ず言えることは**
　Bでない→Aでない
　　（黄色いリボンをつけていない→カナリア学園の生徒でない）

●**必ずしも言えないことは**
　B→A
　　（黄色いリボンをつけている→カナリア学園の生徒である）
　Aでない→Bでない
　　（カナリア学園の生徒でない→黄色いリボンをつけていない）

3章 限られた情報から判断する

「教頭先生のアイデアに含まれる問題点を，わかりやすく黒板にかいてみよう」

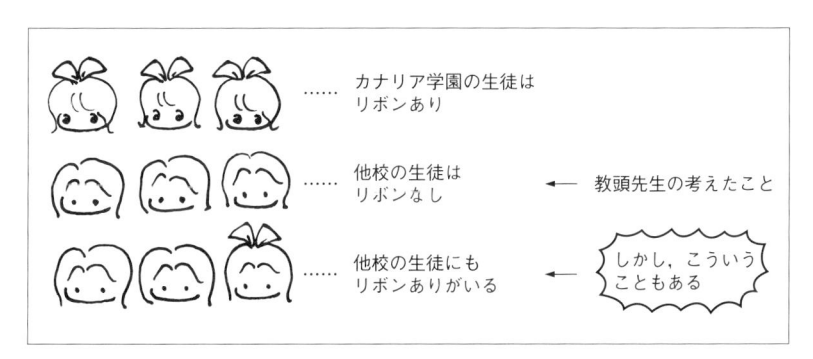

図7 教頭先生のアイデアに含まれる論理的な問題点

「いいかい。『〜ならば〜』という情報が与えられて，ここから言えること，言えないことは何かを判断するためには，まず，『Aにあたるものは何か』『Bにあたるものは何か』を考えるんだ。『AならばBである』から言えることと言えないことをきちんと区別する。これが，論理的に考えることのスタートラインだよ。そして，判断を誤らないためにも，重要なことなんだ」

「なるほど，ただのAとかBとかのままだと，実感がわかないけど，こういう具体的な話からスタートすると，なんだか急に親しみがわくわ」

「そして，具体的な話のままだと，どれがまちがっているのかわかりにくい場合があるけど，抽象的なAとかBとかの記号に置き換えてみると，構造っていう

か,話の骨組みが見えやすくなるような気がする……」

「うんうん，君たち，今日はなかなかさえてるじゃないか。まったくその通りなんだよ。具体的なものと抽象的なものとの間を行ったり来たりすること。ものごとを考えるときには，これがとっても役立つんだ」

「と言うことは，さっきの教頭先生の話にもどると，私たちが黄色いリボンをつけたとしても，問題は解決しないわけなんですね」

「うん，まあ，そういうことかな」

「わー，よかった。それじゃ，私たちとしても，その案に堂々と反対できるってことですね」

「そうよ。しかも『黄色いリボンなんかイヤ』っていう感情論じゃなくて,論理的な反論ができるんだわ」

（喜ぶ生徒たち）

「論理的に判断するって，本当に役に立つんですね」

「ああ，そうだね。納得してくれてぼくも嬉しいよ」

頭の片隅に教頭先生の顔がチラッと浮かび，少し心が痛むウラシマ先生でありました。

◆──三段論法の使い方

「論理的に判断することの意義を理解してもらったところで,**三段論法**の話に入ろう。三段論法って知ってる？」

「えーっと，たとえば，こんなのですか。人間はいつか死ぬ。ソクラテスは人間である。ゆえに，ソクラテスはいつか死ぬ」

「うん，よく知ってるね。人間であることをA，いつか死ぬことをB，ソクラテスであることをCとすると，AならばBである。CならばAである。ゆえに，CならばBである，ということだね。では，こんなのはどうかな」
　「高級化粧品は豪華な包装で販売されている。
　この化粧品は豪華な包装で販売されている。
　ゆえに，この化粧品は高級化粧品である」
　「このように判断していいと思う人」
　「はい」（ほぼ全員が手をあげる）
　「おやおや，本当にそうかな」
　「じゃ，次の問題はどうだろう」
　「校長先生は人間である。
　私も人間である。
　ゆえに，私は校長先生である」
　「これでいいと思う人」
　（誰も手をあげない）

生徒たち　「やだー，私が校長先生なわけないじゃない」
　「ふーむ。君たちなりに，三段論法について判断しているのはわかる。しかし残念ながら，化粧品問題のほうは，まちがってるね」
　「えっ，どういうことですか」
　「いいかい。順番に説明しよう。黒板をよく見ててね。まず，化粧品問題」
　ウラシマ先生，黒板に図をかいていきます。

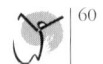

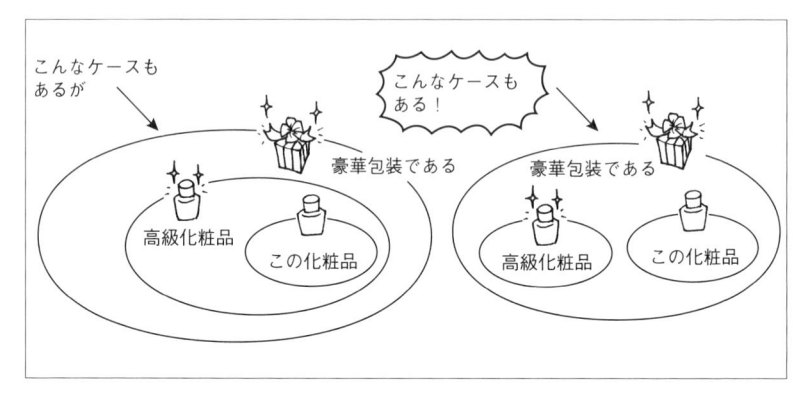

図8 化粧品問題の図

　　　　「つい左の図の場合を思い浮かべがちだけど，よく
　　　　考えてみて。じつは右の図のように，高級化粧品じゃ
　　　　ないのに豪華包装になっていることがあるんだ」
　　　　「そして，校長先生問題のほうは，こんな図かな…
　　　　…」

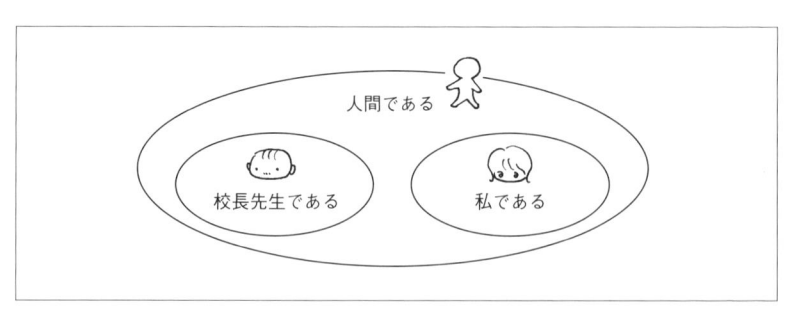

図9　校長先生問題の図

3章　限られた情報から判断する

　「ほら，この2つの問題は一見似たような形をしてるよね。なのに，どうして，化粧品問題の結論にはだまされてしまうんだろう。逆に，校長先生問題の結論はおかしいってすぐわかるんだろう」

　「うーん。それは，常識で考えると，そうなるから」

　「そう，じつはそこに落とし穴があるんだ。三段論法で考えなきゃいけない場合にも，ぼくたちは，導かれた結論が自分の考えや常識に合っているかどうかという点だけを見てしまいがちなんだ。いいかい，結論が常識に合っているからといって，その論法を決して鵜呑みにしないこと。そして，相手が三段論法らしきものを使っている場合には，論理をわかりやすくするために図で表してみること。そうすれば，化粧品問題で考えたように，いろいろなケースがあることに気づきやすくなるからね。自分にとって重要な判断をする場合には，それくらいの慎重な心がけが必要だね。みんなも，これから『豪華な包装』にだまされないでね」

　「はーい」

　生徒たちには，この問題はとても切実に感じられたようです。

　課題4　化粧品問題の構造を，A，B，Cを使って表現してみてください。

　　　　　　　　　　　　　（解答は112ページ）

②
数字で判断する

◆——平均点が表すもの

　先日，高等部の中間テストがありました。テスト期間は授業がお休み。そんなわけで，「考える時間」も2週間ぶりです。

　「やあ，高校生になってはじめてのテストの出来はどうだったかな。1年3組はとくに数学の成績が良かったって，君たちの担任の先生が自慢してたよ。そこで，今日はまずこれを問題にしよう」

　「君たち3組の数学のテストの平均点は70点，隣の2組の平均点は60点だったそうだ。さて，ここから3組のほうが2組より，数学のテストで高い点，たとえば80点以上を取った生徒が多いと判断していいかな」

　「平均点が，10点も開いてるんでしょ。だったらうちの組が隣の組より，点の高い子が多いと思います」

　「1点や2点の差だったら，そう言えないかもしれないけど，こんなに差があるのなら……」

　「うんうん。直観的には，そう思うかもしれないね。では，図をかいて考えてみようか」

　（ウラシマ先生，点数の分布図〔図10〕をかく）

　「たしかに，数学の点数がこんな具合に**分布**していれば，君たちの言う通りだね。でも，分布の可能性は，ほかにもあるよね」

3章 限られた情報から判断する

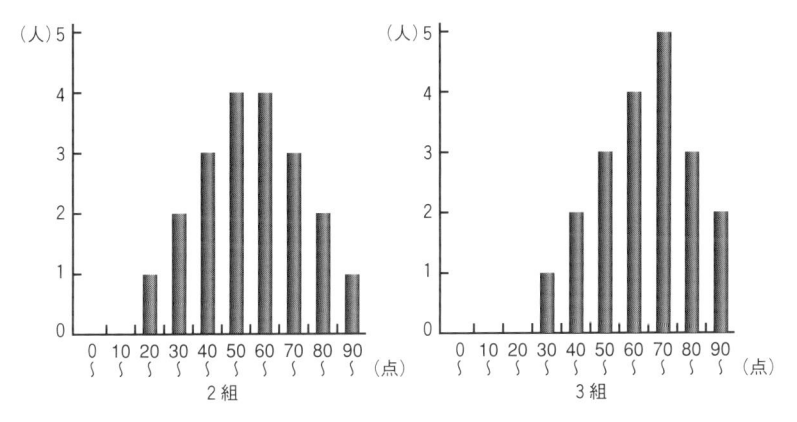

図10 テスト得点の分布図1

生徒たち 「分布って何ですか」

「ここでは，点数の散らばりぐあいのことだよ」

（ウラシマ先生，別の分布図〔図11〕をかく）

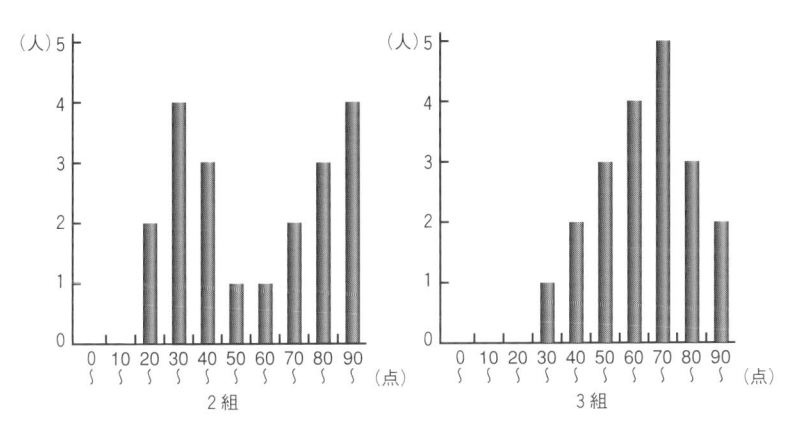

図11 テスト得点の分布図2

「ほら，こんな分布のときはどうかな。そう，この場合には，80点以上の高い点数をとった子が2組に多いということになるね。つまり，高い点を取った生徒の数は，平均点だけからはわからないんだ。ぼくたちは，つい**平均値**にばかり目が向いてしまうけど，もうひとつ大切なことは分布の状態なんだ。平均値だけから判断できることは，案外少ないんだよ。にもかかわらず，ぼくたちはすぐ，平均値でものごとを判断するくせがある。これからは，平均値の情報だけを与えられたら，『分布はどうなってるの？』と問う習慣をつけていこう。

たとえば，国民の平均所得額だけを見て，その国の人々の豊かさを判断するわけにはいかない。ごく一部の富裕層が平均値を押し上げてしまっている可能性があるんだ。平均所得額が高くても，貧困にあえいでいる人々がたくさんいる国だってあるんだよ」

生徒たち　「ふーん，そうなんだ」

◆──100％はすごい？

中高一貫の名門カナリア学園の競争率は高く，中等部になんとか娘を入れたいと願う親たちは，受験情報にとても敏感です。小学生を対象に，一流大学生ばかりを派遣するという家庭教師派遣会社だとか，カナリア学園専門コースを設けた塾などが，ひしめきあうように合格率を競っています。ウラシマ先生も，学園の近くで，そうした宣伝ビラをよく見かけます。じつは

3章　限られた情報から判断する

　今朝，街頭で配られた1枚のビラを手にした先生は，それをしっかりファイルブックにはさんだのでした。なぜって？　今日の授業に使えそうだから。今，そのビラを取り出します。

　「今朝，駅前でね，こんなビラをもらったんだ。塾のビラだよ。いいかい，読んでみるね。当ヒヨドリ塾では，今年，塾生のなんと100％が，希望通りカナリア学園に合格されました。この驚異的な数字は，絶対に他の塾や家庭教師派遣会社にまねのできないものです。大切なお嬢様をカナリア学園に合格させるためには，今すぐ，わがヒヨドリ塾への入塾をおすすめいたします」

　「さて，このビラを見たあるお母さんは，『さっそく娘をヒヨドリ塾に入れなければ』と考えた。この判断は正しいだろうか」

生徒たち　「正しいと思います。だって，100％合格っていうのは，ヒヨドリ塾に子どもを入れさえすれば，必ずカナリア学園に合格するってことでしょ」

　「うーん，やっぱりそう思うんだよね，ふつう。じつはさっきね，この塾に電話したんだよ。カナリア学園を受験したお宅の塾生は何人だったんですかってね。すると，言いにくそうに答えたよ。2人ですって。ああ，やっぱりとぼくは思った。もし10人の塾生がいたら，このうちの2人が合格ということで，20％の合格率になっていたか

もしれないね。本当は，数が少ないときにパーセント表示を使うのは意味がないんだよ。にもかかわらず，数の少なさを隠してパーセント表示ですごいと思わせる。これは1つのトリックだね。君たちもぜひ気をつけてくださいね。実際の数値を明記していない場合には要注意だよ」

「なるほど。うそをつかないで錯覚を起こさせるってわけですね」

「たしかに，ひとりしかいない塾生が合格しても，100％ってことになるしね」

◆──隠れた情報

「さて，受験の話が出たついでに，もう1つ。カナリア学園高等部からよくできる生徒が目指すZ大学への合格人数だが，今年は学園から10人が受かったそうだ。そのうち，冬休みの補習授業を受けた者が5人，受けなかった者が5人と，同数だったらしい。補習授業の効果はあったと判断できるだろうか」

「うーん。受かった人の半分は補習授業を受けていなかったということだから，結局受けても受けなくても同じって気がするんですけど」

「それなら，わざわざ冬休みに登校して補習授業を受けるのは，なんだかむだみたい……」

「結局，補習授業はむだってことですね」

「おいおい。そう早まった結論を出すんじゃないよ。いいかい。さっきの情報を表にしてみよう」

3章　限られた情報から判断する

（ウラシマ先生，黒板に図12を書く）

	合格	不合格
補習を受けた	5人	?
補習を受けなかった	5人	?

← この情報が隠れている

図12　表の中の隠れた数字

「この問題をきちんと判断するためには，合格者だけでなく，不合格者についても補習授業を受けていたかどうかを調べる必要があるんだ。つまり，表の4つのマス目，**4分割表**を全部埋めないと判断できない。そこで，この隠れた部分の数字を埋めてみると，じつはこうだったんだよ」

（ウラシマ先生，黒板の図13を埋める）

	合格	不合格
補習を受けた	5人	0人
補習を受けなかった	5人	20人

← じつはこうだった！

図13　4分割表を埋める

生徒たち　「わー！」

「ほら，補習授業を受けた生徒は5人全部が合格しているのに対し，受けていない生徒は，25人中5人が合格していることになる。ね，わかったかい？　ぼく

たちは，表面に出ている情報だけで判断しがちなんだ。だから，こんなふうに，隠れた情報，つまり，判断のために必要なのにはっきりと示されていない情報はないか，という点を自分で考えることが大切なんだよ」

③ 起こりやすさを判断する

◆——M子先輩はどうなったか

　名門のカナリア学園にも，ごくまれにはみ出し気味の生徒はいます。たとえば，M子の場合。彼女は18歳。2年前にカナリア学園高等部を中退しています。在学中はけんかっ早く，他校の生徒となぐり合いのけんかをしていたこともあるそうです。クラスメイトともなかよくできず，親や先生にも反抗的でした。M子は今，どこでどうしているのでしょう。すでに伝説の主人公のようになった彼女は，時折学園の話題にのぼるのです。学園の先生や後輩たちも心配しています。

　ウラシマ先生は，この話を授業で取り上げることにしました。

　「ねえ，みんなも聞いたことがあるだろ。君たちの先輩のM子さんの話。彼女は，今ごろどうしているかって，時どき職員室でも話が出ることがあるんだ。そこで，まったく架空の話なんだけど，次の2つのうち，どちらの可能性がより高いと思う？　そして，それはどうしてだろうか」

3章　限られた情報から判断する

ウラシマ先生は，黒板に2つの可能性を書きます。

①彼女はこの2年間，ブティックに勤めている。
②彼女はこの2年間，ブティックに勤めているが，人間関係のトラブルが多い。

「はい，どうかな」
「②だと思います」
(「私も」「私も」生徒たちは口ぐちに賛成します。)
「なるほどね，やっぱりそうか。では，どうして」
「そ，それは，在学中にそれほど問題を起こしていたM子先輩が，ブティックで働き始めたからといって，急におとなしくなるはずはないと思うから……」

エミが，少し言いにくそうに答えます。続いてミチも言います。

「あのう，私も，たぶん時どきトラブルを起こしているんじゃないかなと思うんですけど」
「うん。君たちの気持ちはよくわかる。なにしろ，自分たちの先輩のことだから，あまり悪く言いたくはないんだけど，やっぱり，冷静に考えたら，②の可能性のほうが高いんじゃないかって，そう思うんだね」
(生徒たち，こくんとうなずく)
「たしかに，多くの人が，②のほうがもっともらしいと感じるだろう。でもね，安心しなさい。冷静に考えれば考えるほど，正解は①なんだよ」
「ええっ，どうして！？」

（驚く生徒たち）

「『ん？』と首をかしげる人も少なくないだろうね。それでは，どう考えればいいかを見ていくことにしよう。黒板を見て」

「まず，『彼女はこの2年間，ブティックに勤めている』をAと置きます。そして，『彼女は，人間関係のトラブルが多い』をBと置きます。すると，②は，AでありかつBであると表すことができますね。ここで，『Aである』ことに比べて『AでありかつBである』ことのほうが，『かつBである』という条件が余分についているのだから，その分可能性が低くなるんだ。だから，①の可能性のほうが高いということになるんだよ。意外な感じがするかな。でも，よく考えてみると，なるほどと納得できるはずだよ」

（ウラシマ先生，M子問題の図14を黒板にかく）

「さらにわかりやすい例として，ある生徒が高校生である可能性と，ある生徒が高校生であり，かつ女性である可能性を比較してみるといいかもね」

「ふーん，そうなんだ。でも，だからって，M子先輩の現状が安心できるものだとは限らないんですよね」

「その通り。これは，あくまで論理的に，どちらがありそうかって話だからね。みんなが心配しているんだから，その気持ちをくんで，M子君も，どこかで落ち着いた生活を送っていてくれるといいんだが……」

（一同，しんみり）

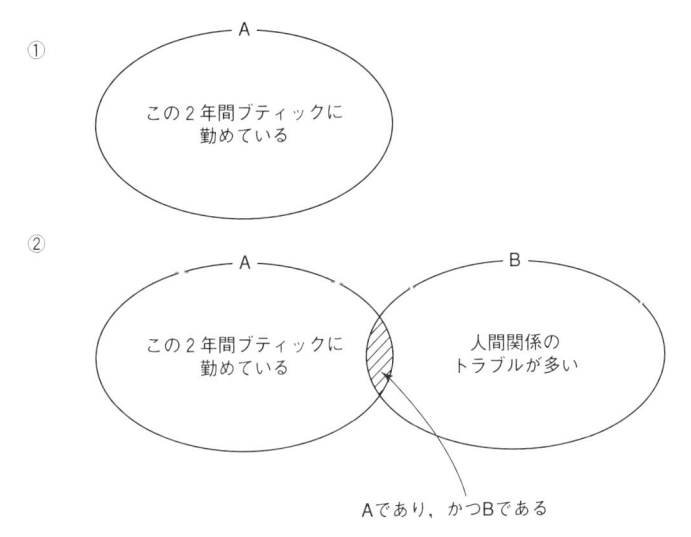

① A この2年間ブティックに勤めている

② A この2年間ブティックに勤めている　B 人間関係のトラブルが多い

Aであり、かつBである

図14　M子問題の図

◆——ニュースになりやすいことは起こりやすいのか

「さて，話題を変えようか。君たちには，まだ縁遠い話だけれど，人間はいつか死んでしまう。そこでだ。死亡原因にはいろいろあるけど，交通事故で亡くなる可能性と心臓発作で亡くなる可能性とは，どっちが高いと思う？」

（生徒たち，しばらく考えて）

「交通事故だと思います」

「なぜ，そう判断したの」

「それは，ニュースとかで，交通事故のほうがよく聞くから」

「うん。君たちの判断の根拠は、おそらくそれだと思ったよ」

「マスコミ報道。これは、ぼくたちの生活にすっかり溶け込んでいるよね。テレビ、ラジオ、新聞、雑誌、そういったマスメディアからの報道は、ぼくたちの判断のよりどころにさえ、なってしまっている。毎日、おびただしい事故や事件が報道されるよね。そんなニュースを見たり聞いたりしながら、ぼくたちは社会のできごとや状況を理解するわけなんだ。

でもね、ちょっと気をつけてほしいんだ。思わぬ落とし穴があるってことにね。ニュースが、誤った印象をつくり上げてしまうことがあるんだ。

たとえば、さっきの問題。交通事故と心臓発作による死亡なんだけどね。本当は、心臓発作で亡くなる人のほうがずっと多いんだよ。でも、そんなふうに思えないだろ。

それはね、交通事故のほうが圧倒的にニュースになりやすいからなんだ。交通事故のニュースって、テレビや新聞に毎日出てくるね。でも、思い出してごらん。どこそこのだれそれさんが、心臓発作を起こして死亡しましたなんてニュース、ほとんど見たことないよね。まあ、大臣とか芸能人とかは別としてだよ。

すると、ニュースとして報道されないことは、起こらなかったんだという錯覚ができあがってしまうわけなんだ。どっちがよく起こっているか、どっちがありそうかっていうこと、ニュースから受ける印象を割り

引いて判断しなければいけないね」

「うーん，私たちの考えって，知らないうちに新聞やニュース番組に影響されているんですね。これから気をつけなきゃ」

◆——期待したことは起こりやすいのか

「関連した話をもう少し続けよう」

「君たち，友達を判断するのに，相手の星座や血液型ってけっこう参考にするでしょ」

生徒たち　「すごーく参考にします！」

「うーん，そうか。では，星占いや血液型占いって，当たると思うんだね」

生徒たち　「ものすごく当たります！」

「そうか。じつはね，そこにも，ちょっとした錯覚がはたらいているんだよ。つまり，この人はA型だからまじめな性格だという先入観をもって相手の行動を見ると，まじめな行動に注意が向きやすく，そうでない行動は見落としてしまいやすいんだ。その結果，やっぱり思った通りだってことになるんだよ。あらゆる占いは，期待したことに注意が向きやすくなるという意味で，同様の効果をもっているね」

「占いならまだいいんだけどね，もっと深刻なこともあるんだよ。たとえば，あるクラスの新しい担任の先生に，あらかじめちょっとした情報を入れておく。『Bさんは反抗的な性格なので，気をつけてくださいね』っていうふうにね。すると新しい先生は，『気を

つけなきゃ』と思い，Bさんの言動に注意を払う。そして，先生の質問にすぐ答えなかったとか，宿題を忘れてきたとかの，じつは反抗的であること以外にいろいろな原因が考えられる行動に対しても，『これも反抗の1つか』と思ってしまう。その結果，『やっぱりBさんには，反抗的な行動が多く見られる』と結論づけてしまいやすいんだよ」

3章　限られた情報から判断する

3章のまとめ

　限られた情報からものごとを正しく判断するためには，情報に対して次のようなチェックをかけることが役に立ちます。

*組み立てが論理的に正しいか
*平均値やパーセント表示，表面に現れた数字から錯覚を起こしていないか
*印象や先入観に左右されていないか

☞「人についての判断」は06巻参照

4章 できごとの原因を探る

①
できごとの原因

◆——コンピュータ・ルームでのできごと

「あーん,もう。いったい何が原因なんだろう」

コンピュータ・ルームで,エマはため息をつきます。レポートをようやくワープロソフトで仕上げ,さあ,後は印刷するだけ,というところで,かんじんのプリンタが動かないのです。

「昨日まではちゃんと動いてたっていうのに,なんでこう,急いでるときに限って……。たった1枚なのに」

歯ぎしりしたい気持ちです。今日は火曜日。3限目の後の休み時間を利用してさっと印刷してしまおうと考えていたのです。運悪く,こんなときに限って部屋

にはだれもいません。だれかがいれば，いっしょに原因を考えてくれるのですが。仕方がないので，ひとりであれこれ試してみます。

「うーん，ああでもない，こうでもない……」
「あっ，いけない。もう4限目が始まってる！」

あわてて1年3組の教室に駆け込むエマ。ウラシマ先生はすでに教室で黒板に向かっていました。

「すみません。じつは……」

遅れた理由を説明すると，ウラシマ先生から意外な返事が返ってきました。

「ありがとう，ちょうどいいよ」
「え？？？」
「いや，今日はね，できごとの原因を探るっていう話をしようと思ってたんだ。で，何か適当な話題がないかなって，考えてたところだったんだよ。その話を

使うことにしよう」

◆──原因を知ることが必要なわけ

　「みんなは，毎日の生活の中で問題にぶつかって困ることはないかな？　たとえば，今日のエマくんのように，印刷しようとしたらプリンタが動かない！という問題。これ，困るよね。あるいは，勉強しているのに成績がちっとも上がらない，昨日から頭痛が治らない，といった問題はいくらでもあるよね」

　「このようなとき，とくに原因を考えなくても，とりあえず対処することはできるよ。たとえば，プリンタの場合は，ほかのプリンタがある場所へ行く。成績については，もっとがむしゃらに勉強するか，あるいは逆に開き直ってあきらめる。頭痛なら頭痛薬を飲む」

　「でも，これらの対処法は，根本的な解決法にはならないわけだ。とくに頭痛の場合なんか，原因を考えずにひたすら薬で痛みを止めようとするのは危険ですらあるんだよ。たとえば，気づかずに悪い姿勢を続けていたために肩が凝って頭痛を起こすことがある。こんなときには，姿勢を良くして肩こりそのものを治さないと頭痛は治らない。なのに，薬で痛みを抑えようとすると，薬の量ばかりが増えてしまう。また，ひどい頭痛は，脳内血管の異常が原因で起こることもあるんだ。このことに気づかないで，治療もせずただ薬を飲んでいたら，症状がどんどん悪化してしまう。頭痛って，こわいんだよ」

「問題を本当に解決したいと思うなら，原因を突き止めることがとても重要なんだ。原因がわかれば，効果的な解決策が考えやすくなるからね」

◆──プリンタが動かなかったのはなぜ？
「さて，ここでプリンタ問題にもどろう。エマくんはまだ解決できていないわけだから，みんなでその原因を推理してみることにしよう」
「昨日まで動いていたプリンタが，なぜ今日は動かなかったのか。今から紙を配るから，考えられる原因をそれぞれ書いてみよう。原因推理を幅広く行うことが，問題解決への第一歩だからね。まずは，いろいろ考えてみよう」

生徒たちは自分の経験を思い出したり，あらたな可能性を想像したりして，考えたことを紙に書きます。
「はい，書けたかな。では，後ろの人，集めて」
「みんなが書いたものを，ちょっと読みあげてみるね」
「電源スイッチが入っていなかった」
「コンセントが抜けていた」
──うんうん，こんな単純なことが原因だったってこともあるよね。
「ケーブルがつながっていなかった」
──ああ，これもあるな。
「ケーブルとプリンタの間が接触不良になっていた」
──うん，いい線いってるね。

「ケーブルの中の線が切れた」
——そうだね，これは昨日から今日の間にってことだね。
「プリンタが故障した」
——故障を疑うのは最後の最後だよ。
「エマが印刷命令の出し方をまちがえた」
——ああ，今日はあわてていたからね。
「エマがプリンタに嫌われた」
——なんだ，これ？
エマ　「先生，もちろん私もいくつかの原因は思いついたので，その場で調べてみました。電源スイッチとか，コンセントとか，ケーブルの接続とかはすぐ確かめました。ただ，接触不良とかケーブルの中の線が切れたのかもしれないっていうのは，ちょっと思いつかなかったんです」

「うんうん，なるほど。では，今からみんなでコンピュータ・ルームに行って，真相の究明に乗り出すことにしよう」

なんてフットワークの軽いウラシマ先生。幸いなことに，コンピュータ・ルームは1年3組のすぐ向かい側で，火曜の4限はだれも使っていないのです。

◆——真相究明には知識が必要だった

一同はぞろぞろとコンピュータ・ルームに移動します。コンピュータ・ルームでは，20数台のコンピュータがネットワークにつながっていて，教師用のコンピ

4章 できごとの原因を探る

ュータから制御されます。プリントアウト用には，1台のプリンタがネットワークに接続されています。生徒たちは，自分の使っているコンピュータから印刷命令を出せば，ネットワークを通じてプリンタから印刷することができます。ネットワークの管理は，コンピュータ担当の先生の仕事で，定期的に整備されています。

「これが問題のプリンタだね。さあ，本当の原因を知るために，残った可能性を調べてみることにしよう。まず，ケーブルについてはどうだろう」

ケーブルの接触不良とケーブルの中の線が切れた可能性については，生徒のひとりが別のケーブルを持ってきて試してみました。

「あれー，やっぱり違います。ケーブルには異常ないみたいです」

次は，印刷命令の出し方をまちがえたのではないかという可能性。これも，みんなが見守る中，エマがもう一度やってみましたが，まちがいはなさそうです。

「じゃ，やっぱりプリンタが壊れたんだわ」

気の早い生徒が結論を出そうとします。

「いや，そう考えるのはまだ早いよ」

「じゃあ残るのは……やっぱり，エマがプリンタに嫌われたってことですか」

「いや，あの，そうじゃなくて。いいかい，もっとほかの可能性にも，目を向けてみるんだ」

「でも，いったい，ほかにどんな可能性があるんで

すか」

「うーん。そうか，君たちの知識を総動員しても，現状では，これが限界なんだね。もっと考えろと言われたって，ない袖は振れない，か」

「え？ それどういう意味ですか」

「ない知識は使えないってことだよ，この文脈ではね」

「こんなふうにプリンタがうまく動いてくれなくて，ほかの原因ではなさそうなとき，疑ってみるべきは『設定』なんだ。ほら，よく見ててね」

生徒たちがじっと見つめる中，ウラシマ先生は「設定」のコントロールパネルでプリンタを選び直します。

「わぁ，知らなかった」

「だろ？ 原因は，いつものプリンタが出力先に選ばれていなかったことなんだ。きっとだれかがうっかり設定の内容を変えてしまったんだね，昨日から今日にかけて」

「ふーん，そうなんだ」

「似たようなことで，ぼくもよく痛い目に会ってたからね。プリンタからうまく出力されない場合には，どんな可能性があるのか，この機会にみんなも覚えておこうね。こんなふうに，問題に関連した知識を豊富にもっていることが，原因を推理するときにとても役に立つんだよ。知識が乏しいと，いくら考えても狭い範囲の推理しかできないから，本当の原因にたどり着けないことも多いんだ」

ふだんのコンピュータ実習では，面倒な説明は生徒たちの頭を素通りしていたのですが，こんなふうに，いざ問題に直面してみると，やっぱり必要なことだったんだと，あらためて実感できます。
　「知識不足だと十分な原因推理ができないって，もしかしたら，ほかの問題にも，言えるかも」
　生徒たちは，ふと，そんなことを考えたりもしたのです。

② 原因と取り違えやすいもの

◆——原因の条件

　またまた火曜日がやってきました。
　「さあ，先週の続きだよ。できごとの原因について，もう少し考えてみよう。なんでも無条件で原因とみなせるわけではないよね。みんなはどんなときに，『これが原因だ』と考えるだろうか。じつは，できごと①をできごと②の原因だと考えるためには，**3つの原因の条件**を満たしていなければならないんだ。
　1つめは，①が②より先に起こっていること。結果より後から起こったことは原因とは考えられないから，当然だよね。
　2つめは，①と②の両方に以前とは違う変化が認められること。たとえば，ゆうべ眠れなかったのは，寝る前にコーヒーを飲んだことが原因かな，と考えられ

るのは，眠れなかったことや寝る前にコーヒーを飲んだことがおとといまでとは違うという場合に限られる。いつも眠れなかったり，いつも寝る前にコーヒーを飲んでいるならば，コーヒーが原因とは考えにくいよね。

　そして最後に3つめは，①以外にもっともらしい原因がないということなんだ。コーヒー以外にも，たとえば昼寝を長くしすぎたというような事情があれば，それが原因で夜眠れなかったのかもしれないしね。

　ところがぼくたちは，本当の原因に気づかず，別のことを原因だと思い込んでしまうことがよくある。世の中には，まぎらわしいことがたくさんあるからね。今日はまず，**原因の取り違え**について考えてみよう。みんなは，原因を取り違えてしまった経験，ないかな」

◆──結果が起こる前に何が変化したか

　「あの，うちの母のことなんですけど」

　マミが打ち明けます。

　「うん，お母さんが？」

　「じつは，中学1年の時からの家庭教師の先生が，いい先生だったんですけど，就職が決まって，辞められたんですよね」

　「ふんふん」

　「で，その後に来た先生が，ちょっと変わった人なんですが，教え方はすごくうまいんです。私はとって

4章 できごとの原因を探る

も気に入ってるんですけど,この先生に替わってから,私の成績が急に落ちたので,母は,この新しい先生の教え方が良くないんじゃないかって言うんです。私は,そうじゃないって言ってるんですけど,母は
　『前の先生のときは少しずつ成績が上がっていったのに,今度初めて下がったじゃない。やっぱり新しい先生が原因よ』
ってつっぱねるんです。切りのいいところで,別の先生に替わっていただこうって言い始めて……。どうやって母を説得すればいいのか,困ってるんです」
　「うーん,それは君にとって切実な問題だね。で,成績が下がった本当の原因はなんだと思うの」
　「あのー,それはたぶん,高等部に入ってから,母には内緒にしてるんですけど,メールにはまってるので勉強時間が減ったからかなと……」
　マミの一番のメル友のミユは,思わず首をすくめます。
　「はかに手がかりがないために,君のお母さんは,君の成績が下がったという結果が起こる少し前に変化したことを原因とみなしたんだね。その変化とは,家庭教師が替わったこと。それが原因で君の成績が下がったというふうに見えたんだね」
　「でも,先生。結果の少し前に起こった変化なら,

ほかにもあるんじゃないですか。たとえば，マミがカナリア学園の中等部から高等部に上がったこととか，担任の先生や他教科の先生のうちの何人かが替わったこととか。あ，それから，マミ自身が中学生から高校生になってうわついてることとか。なのに，なぜマミのお母さんは，家庭教師の先生のせいだと考えるんでしょうか」

　メル友ミユの，鋭い指摘です。

「なかなかいい切れ味だね，ミユくん。でもね，マミくんのお母さんの立場から結果を見直してごらん。

　マミくんのお母さんにしてみれば，カナリア学園には全幅の信頼を置いている。高等部は中等部と同じくらい，いやそれ以上に優れた環境で，先生たちも熱心に指導してくれると考えている。ま，その考えはもっともなんだけどね。それに，娘のことは疑いたくないのが人情ってものだよ。だとすれば，残る1つの可能性として，家庭教師の交替が原因ではないかって，考えてしまうんだろうね」

「家庭教師の先生に悪いわ」

　すまなそうにつぶやくマミ。

「そう。君もメールのこと，正直にお母さんに打ち明けるんだね。そして，心配かけないように，もうちょっと勉強したほうがいいかもね」

　これで，一件落着。もちろん，マミがうちに帰ってお母さんにうまく説明できればの話ですが。

「そうそう，最後に1つ付け加えておくけど，もの

ごとの原因はたった1つとは限らないんだよ。1つの結果が複数の原因から起こることも珍しくはないんだ。

前に出てきたヒヨドリ塾の話を思い出してみよう（65ページ）。たとえば、塾生が2人ではなく10人いて、全員がカナリア学園に合格していたとしても、その原因は、ヒヨドリ塾の教え方がいいからとは限らないんだ。もともとよくできる子だけを選んで塾生にしていたという可能性だって考えられるんだよ。同様に、冬休みの補習の話（66ページ）でも、Z大学への合格者が多くなったのは、よくできる生徒が補修を受けに来きていたからとか、補修に来ていた生徒はもともと意欲的で、家での学習時間も長かったからとか、いろいろな原因が考えられるね。

だから、マミくんも『成績が下がったのはメールにはまったせい』とだけ決めつけないで、ほかにも取り除くべき原因がないかを、よく考えてみるんだね」

課題5　次のできごとの原因を5つ以上考え出して下さい。

①A高校では、最近そうじをさぼる生徒が増えた。
②家に遊びに来た友達に、みんなが大好きなチーズケーキを出したところ、B子さんは半分残して帰った。

（解答は112ページ）

◆——自然の力

「あのー，うちの弟のことなんですけど」

ユウが言います。

「君の弟さん？」

「ええ。年が離れていて，まだ3歳なんですけど，フクって言います」

「へえー，フクくん？」

「はい，ユウ（裕）とフク（福）のきょうだいで，続けて読むとなぜか裕福……。まあそれは，どうでもいいんですけど」

「じつは，弟は動物が大好きで，この前も生まれてすぐの子ねこを拾ってきたんです。自分自身，まだ手がかかる年ごろなんですが，熱心に子ねこの面倒を見ていました。で，つい昨日のことなんですが，おかしなことを言い出すんです。『お姉ちゃん，見て見て，ちびが歩けるようになったよ。フクが教えたんだ』って。たしかに子ねこはとことこ歩いていました」

「それで，『フクくん，違うよ。子ねこは，放っておいても自然に歩けるようになるのよ』って教えました。ところが，フクはいたくプライドを傷つけられたのか，ムキになって反論するんです。『ちがわないもん。フクがいっしょうけんめい4つんばいになって教えてあげたから，ちびは歩けるようになったんだい』って言うんです」

「フクくんたら，かわいー」

他の生徒から，思わず声があがります。

「はっはっは。いい話だね」
ウラシマ先生も愉快そうに笑います。
「でもね,ひとつ注意しておこう。この話を,『小さい子の思い違い』でかたづけてしまうわけにはいかないよ。フクくんのエピソードの中には,じつは重要な教訓が隠されているんだ」
「それを言ってしまう前に,ちょっと考えてみてほしいんだ。たとえば,こんな話はどうだろう。ある夏,ある農村で,日照りがずいぶん長く続いた。このままでは農作物に悪い影響が出てしまう。そこで,村人たちはなんとか手をうたなければと考え,雨降らしの神様にお願いをすることにした。祭りを催し,雨乞いの太鼓をたたいたんだ。すると,その願いは聞き届けられ,3日後には雨が降ったという。

続けてもう1つ。ある冬，ある人が風邪を引いた。なかなか治らなかったので，その人は医者に行った。1週間後に，風邪は治ったそうだ。さあ，まとめて聞くよ。雨乞いの太鼓は，雨が降ったことの原因だったのか。医者に行ったことは，風邪が治ったことの原因だったのか」
　生徒たちは考え込みます。
　「うーん，雨乞いの太鼓は，ちょっと怪しいかも」
　「いや，やっぱりききめがあったんじゃないの，強く願い事をするとかなうって言うし」
　「でも，ちょっと非科学的な感じもするけど……」
　「雨乞いの太鼓に関しては，どうやら考えが分かれるようだね。では，風邪が治った原因のほうは？」
　「ああ，それはお医者さんに行ったことです」
　「そっちは，科学的にもそう考えられると思います」
　「そうか，やっぱりそう考えるんだね」
　「え，そうじゃないんですか」
　「いや，じつはね，雨乞いの太鼓で雨が降った話も，医者に行って風邪が治った話も，フクくんが教えたから子ねこが歩き出した話と，そんなに違わないんだよ」
　「えっ，どうして？」
　「雨は必ず降るものだし，風邪もいつかは治るものだからね。とくに，日照りが続いた後には，雨乞いしなくても雨は降るし，風邪がある程度長引けば，こじらせていない限り，そのうち治ってしまうものなんだよ」

「世の中には，何もしなくても自然に起こることが，ずいぶんたくさんあるんだよ。**放っておいても起こる結果**だね。でもぼくたちは，そこに何か原因があると考えたほうが納得しやすいんだね。迷信の中には，そんなぼくたちの心理から生まれたものが多いんだ」

「小さい子どもは，乏しい知識や経験に基づいて因果関係を解釈しがちだから，大人から見れば，とっぴょうしもないことを原因だと思い込むことがあるんだよ。フクくんの場合も，彼にとっては納得しやすい解釈をしていたんだね」

「やっぱり，きちんと教えたほうがいいですか」

姉のユウが心配そうに聞きます。

「いや，せっかくそう信じて満足してるんだから，しばらくはそのままでいいと思うよ。君が教えなくても大丈夫。もう少し大きくなれば，自然とわかることだからね。これだって，放っておいても起こる結果だよ」

③ 見つけにくい原因

◆——本当に髪の長さが原因か

「では，今度はぼくから話題を提供しよう。ある大学で，学生の入学時の髪の長さと英語の成績の関係を調べたところ，驚くべきことがわかったんだ。髪の長い学生の

ほうが，髪の短い学生よりも相対的に英語の成績が良かったんだよ。髪の長さと英語の成績との間に，いったいなぜこんな不思議な関係があるんだろうか」

　生徒たちは，ひそかに互いの髪の長さを比べ合います。

　「私はこの中では髪が長いほうだわ。たしかに，英語の成績も悪くないしね」

　こうつぶやくのは，ウノです。

　「でも，なぜかって言われると……，うーん」

　「ウノくん，なんか考えがあるみたいだね」

　「はい。たぶん，髪が短い子は，活動的でアウトドア派が多いと思うんです。だから，あんまり勉強しないで外で遊ぶ。その反対に，髪の長い子は内気な性格で，あんまり外に出ないから，結果的に，英語も含めて家でよく勉強することになるんじゃないかと思うんですが」

　「なかなか，もっともらしく聞こえる話だね。でもね，カナリア学園の中だけで考えるのは，十分とは言えないんだよ」

　「え，それは，女子校だからってことですか？　ということは，もしかして，男の子と女の子の両方がいて初めて言えること……？　女の子のほうが髪が長いから……，あっ，わかった！　男の子より女の子のほうが英語の成績がいいってことなんですね」

　「おおっ，見事だ！　そうなんだよ」

　「髪の毛の長いことが原因じゃないんだ。性別とい

う隠れた要因があったんだよ。もしこのことに気がつかないで、『英語の苦手な学生は、今日から髪を切らないように』なんてアドバイスを大学側が学生に与えたりすると、とんだ赤恥をかくところだったんだよ」

◆──教師の言い分，生徒の言い分

「どうだい。できごとの原因を考えるのは、けっこうむずかしいってことがわかるよね。このテーマの最後に、もう1つだけ例をあげておこう」

「この学園では、そういう問題はないんだが、隣の高校では、クラスによっては教師と生徒の間がぎくしゃくしているらしい。あるクラスの教師に言わせると、生徒が反抗的で困るということだ。だから、しょっちゅう叱らなければならなくなる。つまり、生徒の反抗が原因で、結果として叱ることになる。ところがね、生徒のほうに言わせると、教師が自分たちを叱ってばかりいるから、こちらも反抗的になると言うんだ。つまり、原因と結果のとらえ方がまったく逆になっているんだね。君たちは、本当はどっちが原因だと思う？」

生徒たち 「やっぱり、叱られるから反抗するんじゃないんですか」

「やっぱり君たちは、生徒の立場に立ってしまうんだよね」

「じつはね、どっちも原因で、どっちも結果なんだよ。つまり、原因と結果が、ぐるぐる回ってる、循環してるってことなんだよ。もちろん、最初はどっちか

が先だったはずだ。しかし，今となっては，もはや互いが互いの原因になってしまっているんだ。両方をなんとかしなければ，解決できないね」

　「これとは逆にね，その高校で，少数だがうまくいっているクラスの教師は，生徒が協力的だから，ほとんど叱らずにこにこしていられると言っている。生徒のほうは，先生がにこにこしているから，自分たちも先生に協力できると言っているそうだ。できれば，こんなふうにいい循環をつくりたいものだね。そして，ある原因が結果を引き起こし，その結果が今度は原因になるといった**循環的な因果関係**というものがあるんだということを知っておこう」

4章　できごとの原因を探る

4章のまとめ

　私たちが直面する問題を解決するためには，その問題を引き起こした原因を考えることが大切です。原因を考えるためには，次のことが役に立ちます。

* その問題に関連した知識をもっておく
* 原因の取り違えについて予備知識をもっておく
* 「本当にそれが（そしてそれだけが）原因か」を問う習慣をつける

5章 日常の賢さを求めて

①
事実に基づいて考える

◆——事実と考え

　月日の経つのは本当に早いものです。カナリア学園の1学期も，あとわずか。来週は期末テストの週なので，授業は今週で終わりです。

「みんな，今日は1学期の締めくくりの日だね。この授業は1学期限り。だから，今日が最後だよ。このところ，授業がちょっと延長気味だったから，今日はほんの少し早めに終わることにしよう。教室もそろそろ暑くなってきたけど，しっかり聞いておいてください」

「この考える時間の授業のねらいは，常に自分の頭できちんとものごとを考える力を身につけること，そ

して，そのために考える方法を学ぶということだったね。今日は，**事実**について述べた情報と**考え**を述べた情報を区別することから始めよう。まず，

　『校長先生は昨日，アイスクリームを2個食べた』

　これはどっちだろう。
生徒たち　「実際のできごとについて言ってるから，事実についての情報だと思います」

　「そう，事実についての情報だね。『事実について』というのは，必ずしも事実通りでなくてもいいんだ。たとえば，校長先生は甘いものが大好きなので，アイスクリームを本当は3個食べたかもしれない。それはまあ，調べてみればわかることだ。だから，事実についての情報は，正しいこともあれば正しくないこともある。いずれにしても，それを調べることが可能なん

だ。では，これはどうだろう。

　　『アイスクリームはおいしい』」

生徒たち　「うーん，これもやっぱり事実……かな？」

　「あれれ，とたんに怪しくなってきたぞ。アイスクリームをおいしいと思う人は多いだろうが，中にはそう思わない人もいるよね。これは，正しいとか正しくないとかで割り切れない問題だ。むしろ，私はこう考えるということで，考えだよね。ほかにも，たとえば，『〜を好きだ，嫌いだ』『〜は良い，悪い』というのも，考えについて述べたものだね。それから，こんなのはどうだろう。

　　『校長室にからっぽのアイスクリーム容器が2個あったから，校長先生はアイスクリームを2個食べたに違いない』」

　「これは，『からっぽの容器が2個あった』という事実に基づいて推理しているよね。だから，『おいしい，おいしくない』といった話とは少し性質が違う。でも，考えたことには違いない。そこで，『考え』をさらに2つに分けて，個人的な判断である**意見**と事実に基づいて考えた**推理**を区別することにしよう。ちょっと，黒板に整理しておこうね（図15）」

■情報 ─── ■事実（について述べたもの）
　　　　　　■考え（を述べたもの）─── ■意見（を述べたもの）
　　　　　　　　　　　　　　　　　　　■推理（を述べたもの）

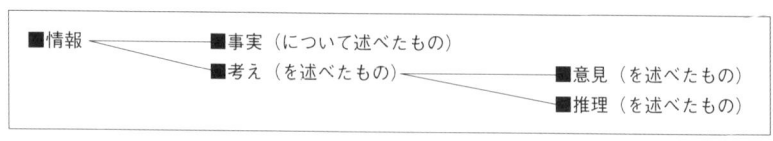

図15　事実，意見，推理の区別

5章　日常の賢さを求めて

> **課題6**　次のうち，事実について述べたものにはA，意見を述べたものにはB，推理を述べたものにはCと（　）の中に書いてみてください。
>
> ① 宿題を忘れてはいけない。　　　　　　　　（　）
> ② 今朝，N市の北部で雨が降った。　　　　　（　）
> ③ カナリア学園はすばらしい学校だ。　　　　（　）
> ④ （部屋の明かりが消えているので），彼は留守だ。
> 　　　　　　　　　　　　　　　　　　　　　（　）
> ⑤ P店のイチゴ大福には，イチゴが2個入っている。
> 　　　　　　　　　　　　　　　　　　　　　（　）
> ⑥ （ポチは犬だから），市長選挙には立候補すべきでない。　　　　　　　　　　　　　　　（　）
>
> （解答は113ページ）

◆──事実の正体

「事実と意見と推理の区別がわかって，だいぶ頭の中がすっきりしたよね。ところが，ここでまたちょっとややこしいことを言わなければならないんだ。事実っていったい，なんだろう？」

「えっ？？」

突然のウラシマ先生の問いかけに，きょとんとする生徒たち。

「たとえば，こんな光景を想像してほしい。2人の幼児が砂場でいっしょに遊んでいる。仮に，2人をA児とB児ということにしよう。A児がふざけてB児の

頭の上から砂をふりかけた。今度はB児がA児に同じことをした。この砂がA児の目に入った。A児はB児をつきとばした。すると、B児はA児にけりを入れた。2人は泣きながらとっくみあいを始めた。この光景をはじめから全部、2人の母親が同じ場所から見ていたとする。A児の母とB児の母に、この光景は、まったく同じように見えるだろうか。おそらく、少し違って見えるだろう。どちらかと言えば、わが子が被害者であるように、相手の子が加害者であるように見えてしまうのではないだろうか。そしてお互いに、相手の子どもを『乱暴な子ね』と思ってしまったりする」

◆——解釈された事実

「なぜこんなふうになるのだろうか。2人の母親は、同じ場所から同じ光景を見ていたのに。それは、『見る』という行為の中に、すでに解釈がまぎれ込んでいるからなんだよ。たいていの親なら、自分の子がかわ

いい。自分の子を心配する。そんな気持ちが，事実の見方をゆがめてしまうことがあるんだ。では，そんな気持ちがなければ，つまり主観をまじえずにできごとを見れば，ありのままに見えるだろうか。複数の観察者にまったく同じように見えるだろうか。理屈のうえではそうなるだろう。でも，現実にはほぼあり得ない。なぜなら，まったく主観をまじえずにできごとを見るということは，とてもむずかしいことなんだ。よほどの訓練を受けていない限り，ぼくたちはみんな，自分の立場や感情でものごとを見てしまう。それがふつうなんだ。だとすれば，ぼくたちが『事実』とよんでいるものは，多くの場合，**解釈された事実なんだよ**」

◆――**断片化された事実**

「さらに，こんなことも考えてほしい。さっきは，2人の母親がともにすべてを見ていたという話だったね。でも，日常生活の中では，なかなかそうはいかない。途中から見たとか，ある部分だけを目撃したとかっていうほうがむしろ多いだろう。するとどうなるだろう。

たとえば，A児がB児をつきとばすところに，ちょうどB児の母親が通りかかったとする。その後の成り行きを見守っていると，だんだん2人のケンカがエスカレートしていく。まあ，途中でとめに入るだろうけど，少なくともこの母親から見れば，きっかけをつくったのはA児だ。

『最初にうちの子をつきとばしたAちゃんが悪い』と思ってしまうだろう。一方，その少し前に砂場に来ていたA児の母親は，言うだろう。

『違うわ。Bちゃんがうちの子の目に砂を入れたりするから，やめてくれっていう意味で，つきとばしたのよ。言わば，正当防衛よ』さらに別の時点から見ていれば，それぞれの母親の見方も，また違ったものになるだろう。こんなふうに，多くの場合，ぼくたちは**事実の断片**を見ているにすぎないんだ。たった数分間の幼児のやりとりでさえ，時間軸に沿った経緯，つまりいきさつがある。

これが，長い年月の中でしだいに悪化してきた大人どうしの関係であったり，さらには何十年もの歴史的な経緯をもつ国と国とのいさかいともなると，事態はいっそう複雑になる。双方が見ている断片化された事実は，必ずと言っていいほど，自分側に都合の良いものになってしまうんだ。事実の全貌をとらえようとするときには，この『時間軸に沿った経緯』という視点をはずせない。しかし残念なことに，ぼくたちが手にとれる情報は，多くの場合，**事実の断片**でしかないんだ。このことはぜひ，知っておこうね」

② 考えを問い直す

◆──本当にそうなのか？

「この授業で一貫してやってきたのは、与えられた情報をけっして鵜呑みにせず、『本当にそうなのか？』と考えてみることだったね。新聞などに書かれていること、人から聞いたことをそのまま信じ込むのは、とても危険なことだ。もちろん、インターネットで調べたことだって同じだよ。

　情報の送り手が『こんなふうに少しゆがめて信じ込ませたい』という意図をもっている場合はもちろんのこと、とくにそんなつもりがない場合にも、情報がゆがんでしまうことは多いんだ。だから、情報を鵜呑みにしないで、本当にそうなのかと問いかけながら、読んだり聞いたりすることが必要なんだ。

　もちろん自分の考えに対しても、『本当にそれでいいのか』と自分で問いかける習慣をつけよう」

生徒たち　「えっ、自分で自分に問いかけるんですか」

◆——もうひとりの自分

　「そう。自分に問いかける、自分自身と対話する、それは、冷静に考えるためにはとても大切なことなんだ。感情的になりかけたときにも、自分に問いかけることで少し頭を冷やすことができる。ほら、英語の授業でこんなことばを習わなかった？　Warm heart and cool head. つまり、あったかい心と冷えた頭。心はあったかいほうがいいけど、頭は冷えてて冷静なほうがいいんだよ。

冷静になるために,ぼくたちの頭の中には,**もうひとりの自分**がいるんだ。ぼくたちの考えの見張り番をしてくれる。その考えは変だよって,忠告してくれる。みんなの頭の中にも住んでるよね,きっと。そんな『もうひとりの自分』を育てていくことが重要なんだ」

◆——**考える心のしくみ**

「もうひとりの自分が賢ければ,ぼくたちがとんでもない考え違いをしかけても,必ず軌道修正してくれる。では,どうすればもうひとりの自分を賢くすることができるだろう? それには,**考える心のしくみ**を知っておくことが,とても役に立つんだ」

生徒たち 「考える心のしくみ?」

「ぼくたちが,この『考える時間』の中ですでに勉強してきたことだよ。つまり,これまで見てきたように,ぼくたち人間がものごとを考えるときには,どんなふうに考える傾向があるのか,どんな考え違いが起こりやすいのか,考えることを妨げるものは何か,といったことなんだよ。多くの場合,思考のまちがいはでたらめに起こるのではなく,そこには一定の法則があるんだ。だから,ぼくたちの考えるしくみをよく知っていれば,仮にぼくたちの考えが暴走しかけても,もうひとりの自分が自分自身の考えを注意深く観察して,『これはまずい』とストップをかけてくれるから,より良く考えられるようになるんだよ」

5章　日常の賢さを求めて

5章のまとめ

　日常場面で役立つ賢さを身につけるために，次のことを心がけましょう。

＊事実と意見，推理を区別する
＊解釈が入り込んでしまった事実や断片化された事実を見分ける
＊他の人の考えや自分自身の考えを問い直す習慣をつける
＊考える心のしくみを知り，その落とし穴に注意する

終章

答のない問題に向かって

　「学校の授業の中で，君たちがこれまで解いてきた問題には，ほとんど必ず正解が用意されていた。しかもたいていの場合，正解は1つだ。先生は正解をすぐには教えず，生徒に考えさせるようにし向けていたんだ。だから，君たちはよく考えたうえで，どうしてもわからなければ先生から答を聞き出すことができた。あるいはまた，君たちがまちがった答を出した場合には，先生がそれをきちんと正してくれた。

　でもね，この先，いつもそうだとは限らないんだよ。社会の中で起きているできごとや個人的な問題について考え，なんらかの判断を下さなければならないとき，そしてその判断に基づいて実際に行動を起こさなければならないとき，**用意された正解**というものはないんだ。

　自分の立場や価値観，そのときの状況によって，何

通りもの考え方ができる。だから答は1つではなく，ほとんどの場合，たくさんあるんだ。どれを選ぶかは君たちしだいだってこと。そしてまた，考えが不十分だと，答を1つも見つけられないってことや，適切でない答を選んでしまうことも起こり得る。そんな場合はどうなるだろう。

　これが学校で出された問題なら，ちょっと恥をかくか，せいぜいテストで減点されるくらいで済みそうだ。でも，現実の問題となるとそんな生やさしいものではない。結果は自分にはね返ってくる。個人的な問題としては，たとえば進路決定や結婚問題。どの大学に行くか，学部はどうするか，どんな職業につくか，あるいはどんな人と結婚するか。まわりの人の意見を参考にするとしても，最終的には自分で決めることだ。そしてもちろん，唯一絶対の答があるわけではない。失敗したと感じても，だれが責任をとってくれるわけでもない。自分がつらい目に会うだけだ。

　一方，社会的な問題の場合には，個人の意見がただちに取り入れられるわけではない。たとえば，地球温暖化にどう対処するか，燃やせないゴミの増加や大気汚染をはじめとする環境問題はどうするのか，あるいはまた，民族紛争や宗教的対立，テロ問題，軍事問題など，いくらでもあげられるよね。こうした問題は，一個人の力ですぐに解決できるものではない。ほんの一握りの政治家が方向性を決めてしまうことだってある。

終章　答のない問題に向かって

　でもね，世論は決して無視することはできない。世論を形成するのはだれか。政治家を選ぶのはだれか。それは，ほかならぬぼくたち一般市民なんだよ。一人ひとりの声は小さい。ひとりが手にする選挙権は，毎回たったの1票だ。しかし，それらが集まると，大きな声になり，多数の票になる。そして，世の中を動かす力をもつんだ。こう考えると，ぼくたち一人ひとりの考え，判断がじつはとても重要だってことがわかるだろう。

　すべてはひとりから始まる。たったひとりの考えが，最後には地球を救うことにつながっていくかもしれないんだよ。自国のエゴに走らず，目先の欲に目がくらむことなく，遠い将来のことにも気を配って，地球規模でものを考えることが必要なんだ。一面的な情報に惑わされず，自分とは異なる立場の人の視点からものごとを見直し，悪徳商法まがいのインチキ論法を見破り，決して情報操作にひっかからない。そんな**本当の賢さ**が，自分を救い，それぞれの国を救い，そして地球を救うんだ」

　「むずかしそうだって？　そう，そんなふうに問題に対処するのはたやすいことじゃない。でもね，それは避けて通れないことなんだ。あちこち頭をぶつけながら，答のない問題に立ち向かっていく。生きていくってそういうことなんだ。だからこそ，より良く生きるためには，より良く考えること。これが必要だ。いいね，忘れないで。ずっとだよ。あれっ，もうこんな

時間。それじゃ,君たち,元気で。将来は賢い大人になってね。さよなら」

 風のように立ち去るウラシマ先生。それを見送る生徒たち。なんだか,夢を見ていたような,あっと言う間の1学期の「考える時間」でした。勉強した内容がウラシマ先生の声に乗って,今また頭の中によみがえってくるような気がします。

「ほんとに,終わってしまったんだ」

 だれかがつぶやきました。すると,その声を飲み込むように,授業の終わりを告げるチャイムが,ゆっくりと鳴り始めたのでした。

(完)

── 課題の解答例 ──

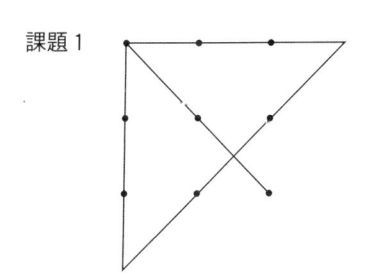

課題1

課題2　この課題を筆者の授業で出してみたところ，受講生からさまざまな答が出てきました。以下に，その一部の要旨を紹介します。

「私たちは，マスコミからの情報を，ほとんど疑うことなく信じている。ちょっと考えてみるとおかしいことでも，マスコミが言うと正しいと思ってしまう。実際，無実の人がマスコミによって犯人にされかかったこともあった」

「テレビ・雑誌で紹介されると，それが売れることが多い。たとえば，レコード会社が大々的にPRしたわけでもないのに，あるCDが何百万枚も売れることがある。ワイドショーなどで，『これはいいですよぉ。どれくらい売れるのでしょうねぇ。今から注目です』と言うと，これだけでもよく売れる」

「『みんな大好き！』とか『大好評！』と言われると，本当にそうかどうかわからないのに，社会的証明がなされたように思って，その商品を買ってしまう。実際の接客場面を思い浮かべてみても，『みんな持ってるよ』とか『今

年の流行はこれ』と言われ，多くの人がその商品を買っている」

課題3　車のセールスではローボール・テクニックが，英会話教材のセールスではドア・イン・ザ・フェイス・テクニックが使われています。

課題4　「高級化粧品である」ことをAとし，「豪華包装で販売されている」ことをBとし，「この化粧品である」ことをCとすると，
　「AならばBである。CならばBである。ゆえに，CならばAである」という構造になっています。

課題5　①の解答例として，次のようなものが考えられます。
　＊ほとんど汚れていなくて，そうじの必要がない
　＊汚れすぎていて，そうじする気が起こらない
　＊そうじをさぼっても注意されない
　＊授業時間数がふえて生徒はへとへと
　＊家庭でしつけられていない
　＊A高校生のモラルが低下した
　＊そうじの時間におもしろいテレビ番組が始まった
②の解答例として，次のようなものが考えられます。
　＊ダイエット中だった
　＊おなかがいっぱいだった
　＊虫歯が痛んだ
　＊心配事があった
　＊A子さんの分だけ味が変だった

＊直前にチーズケーキをたくさん食べて来た
＊最近，いたんだチーズケーキでおなかをこわしてこわくなった

さて，あなたは，いくつ考えることができましたか？

課題6　次の通りです。
①宿題を忘れてはいけない。(B)
②今朝，N市の北部で雨が降った。(A)
③カナリア学園はすばらしい学校だ。(B)
④（部屋の明かりが消えているので），彼は留守だ。(C)
⑤P店のイチゴ大福には，イチゴが2個入っている。(A)
⑥ポチは（犬だから），市長選挙には立候補すべきでない。(B)

この本で引用した文献

★1　Gardner, H.　1999　*Intelligence reframed : Multiple Intelligence for the 21st Century.*　New York : Simon & Schuster. 松村暢隆(訳)　2001　MI：個性を生かす多重知能の理論　新曜社

★2　Sternberg, R.J.　1996　*Successful Intelligence: How practical and creative intelligence determine success in life.*　New York: Simon & Schuster. 小此木啓吾・遠藤公美恵(訳)　1998　知能革命　潮出版

★3　Maier, N. R. H.　1931　Reasoning in humans: II. The solution of a problem and its appearance in consciousness.　*Journal of Comparative Psychology*, **12**, 181-194.

★4　Duncker, K.　1945　*On problem-solving. Psychological Monograph*, **58**, No.270.

★5　Asch, S.E.　1955　Opinion and social pressure.　*Scientific American*, **193**, 31-35.

★6　Freedman, J. L., & Fraser,S.　1966　Compliance without pressure : The foot-in-the-door-technique.　*Journal of Personality and Social Psychology*, **4**, 195-202.

★7　Cialdini, R. B., Vincent, J.E., Levis, S.K., Catalan, J, Wheeler, D., & Darby, B.L.　1975　Reciprocal concession procedure for inducing compliance: The door-in-the-face technique.　*Journal of Personality and Social Psychology*, **31**, 206-215.

★8　Cialdini, R.B., Cacioppo, J.T., Bassett, R., & Miller, J.A.　1978　The low-ball procedure for producing compliance : Commitment than cost.　*Journal of Personality and Social Psychology*, **36**, 463-476.

★9　Goleman, D.　1995　*Emotional Intelligence: Why it can matter more than IQ.*　New York : Bantam Books.　土屋京子(訳)　1996　EQ：こころの知能指数　講談社

あとがき

　本書の内容は，著者が前任校の鳴門教育大学で受け持っていた「思考支援の認知心理学」で扱ったトピックの中から，理解しやすく日常場面の判断に役立ちそうなものを選んで構成しました。人間の思考について，知っていただきたいことはまだまだたくさんありますが，あまり詰め込みすぎるのもどうかと思い，この分量に抑えました。また，日常場面の判断を取り上げるなら，いっそ物語仕立てにしてみよう，と思い立ちました。この着想を得た後，執筆途中の原稿を授業でプリントとして配布し，受講生から多くの感想・意見・励ましをいただきました。また，まわりの人々や遠方の友人からもコメントをいただきました。おひとりおひとりのお名前を挙げることは控えさせていただきますが，心より感謝の意を表したいと思います。なお，本書の執筆にあたり，内外の多くの文献を参考にさせていただきましたが，本書の性格上，参考文献には，その主なものを挙げるにとどめました。また，研究の細部を単純化した部分もあります。どうかご了承ください。

　最後になりましたが，「イラストも自分で描きたい！」という著者のわがままを快く聞き入れ，あたたかく見守ってくださった北大路書房編集部の関一明さん，奥野浩之さんをはじめ，スタッフのみなさんにお礼を申し上げます。

[著者紹介]

三宮 真智子（さんのみや・まちこ）
1953年　大阪府に生まれる。
　　　　羽曳野市立誉田中学校卒業。大阪府立生野高校卒業。
　　　　大阪大学人間科学部卒業。同大学院人間科学研究科博士後期課程修了（学術博士）。
現　在　大阪大学大学院教授（認知心理学，教育工学）
主　著　『メタ認知 学習力を支える高次認知機能』
　　　　（編著，北大路書房）
　　　　『認知心理学4 思考』（共著，東京大学出版会）
　　　　『おもしろ思考のラボラトリー』（共著，北大路書房）

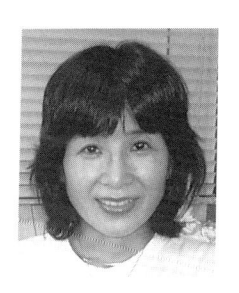

心理学ジュニアライブラリ　04

考える心のしくみ
カナリア学園の物語

©2002　Sannomiya Machiko

Printed in Japan.　ISBN978-4-7628-2281-0
印刷・製本／亜細亜印刷㈱

定価はカバーに表示してあります。
検印省略

2002年10月30日　初版第1刷発行
2010年5月20日　初版第3刷発行

著　者　三宮真智子
発行者　小森公明
発行所　㈱北大路書房

〒603-8303　京都市北区紫野十二坊町12-8
電話　(075)431-0361(代)
FAX　(075)431-9393
振替　01050-4-2083

落丁・乱丁本はお取り替えいたします

心理学ジュニアライブラリを読もうとしているみなさんへ

　心理学って，すごくおもしろいんです。そして，けっこう役に立つんです。

　といっても，心のケアが必要な人たちの手助けをするということだけではありません。どのような人たちにとっても，知っておくとためになる学問です。ただし，「心理学を学んだら，人の心を見抜けるようになったり，人をあやつることができる」などというような意味ではありません。テレビや雑誌で紹介されている占いや心理テストのようなものとも違います。やたらとむずかしい，わけのわからないものでもありません。

　この心理学ジュニアライブラリでは，それぞれの巻ごとにテーマをしぼって，多くの人たちが気づいていなかったり誤解したりしているであろう『人の心のしくみ』について解説してあります。そして，その解説したことにもとづいて，私たち心理学者が，みなさんになんらかのメッセージを送ろうとしました。その内容は，いずれも，みなさんがよりよく生活していくうえで大切だと，私たちが自信を持って考えているものです。また，どの内容も，学校や家庭であらたまって学ぶことがめったにないものです。人生経験を積んでいくなかで自然に身につくこともあまりないでしょう。これが，私たちがこのようなライブラリを発刊しようと考えた理由です。

　この心理学ジュニアライブラリを通して「へえー」とか「なるほど」というように感じながら『人の心のしくみ』についての新たな知を得，それをこれからの人生に少しでも活かしていただければ幸いです。

　　　　　　　　企画編集委員　吉田寿夫・市川伸一・三宮真智子

◆ 心理学ジュニアライブラリ ◆
（四六判・各巻112〜132ページ・本体価格1200円）

00巻　心理学って何だろう
市川　伸一

　中高生のほとんどは，心理学とはどういうものかを知らないが，いろんなイメージはもっている。高校のクラスで行った大学教授の授業から，現代の心理学の姿を描く。「総合学習で学ぶ心のしくみとはたらき」と題した付録冊子付き。

01巻　じょうずな勉強法──こうすれば好きになる
麻柄　啓一

　「たくさんのことを簡単に覚える方法があれば…」と思ったことがあるだろう。この本を読むと勉強について新しい発見ができ，見方も変わってくる。勉強が必ず好きになる本。

02巻　読む心・書く心──文章の心理学入門
秋田喜代美

　文章を読んだり書いたりする時に，心の中で何が起こっているのだろうか。その心のしくみがわかると，読む時・書く時に自分の心を見つめるまなざしが変わってくる。

03巻　やる気はどこから来るのか──意欲の心理学理論
奈須　正裕

　勉強をめぐって，先生や親から「為せば成る」とお説教されたことがあるだろう。意欲を出さない自分がわるいのだろうか。勉強への意欲について，心のしくみを解き明かす。

04巻　考える心のしくみ──カナリア学園の物語
三宮真智子

　本当の賢さとは何か？　架空の学校「カナリア学園」では，賢さの種類，考えることを妨げるからくりなど，考える心のしくみをテーマに魅力的な授業が展開される。

05巻　人についての思い込みⅠ──悪役の人は悪人？
吉田　寿夫

　「人について決めつけずに柔軟に考える力」というものは，学校の勉強だけでは十分には身につかない。本書を通して，人生の早い時期に，この考える力を身につけよう。

06巻　人についての思い込みⅡ──A型の人は神経質？
吉田　寿夫

　イメージや第一印象にとらわれた「○○は××だ」といった決めつけた考え方。なぜそんなふうに思ってしまうのか。その心のしくみを豊富な具体例で説明し，対処法も提案。

07巻　女らしさ・男らしさ──ジェンダーを考える
森永　康子

　「女と男は違う！」というあなた。本当に違っているのだろうか。本当に違うなら，どうしてそんな違いができたのか。「女・男」にしばられずに自分らしく生きていくヒント。

08巻　新しい出会いを活かして──転校を心理学する
小泉　令三

　転校や入学，クラス替えの時など，自分が新しい環境に移る時には新しい出会いがある。その体験を活かすためにはどのように考え行動したらよいか，様々なアドバイスを用意。